THE

Brain Power-up Secret Code

생각정리 알고리즘

저자 **최필규(최필장군)**

하움출판사

『The 생각정리 알고리즘』 공식 보증서

최필규(최필장군)는 『The 생각정리 알고리즘』을 정독하고, 그 내용을 일상과 실무에 충실히 적용했음에도 불구하고 **공부나 일**에서 눈에 띄는 변화가 없다고 느낀 독자분들에게 다음을 약속합니다:

1. 책값 100% 환불
2. 식사 대접: 진심을 담아, 원하는 메뉴를 논의 후 함께합니다.
3. 특별 강의 초청: 직접 만나서 맞춤형 '생각정리' 비법 전수

　　이 책의 **효과**를 신뢰하기에 드리는 약속입니다.

　　독자 여러분과의 약속과 더불어, 한 가지를 기억해주시길 바랍니다.

**" 진정한 변화는 읽는 데서 끝나는 것이 아니라,
실천하는 데서 시작됩니다. "**

◆ 보증 조건:
▯ 책을 구매 후 3개월간 정독 및 실천한 독자에 한함.
▯ 실천 일지와 적용 사례를 함께 제출하시면 더욱 감사하겠습니다. 😄
▯ 이 보증서를 SNS에 공유해 주신 분은 두 배로 보증 😄 😄

보증인

최필규(최필장군)
『The 생각정리 알고리즘』 저자
창의적 사고와 실용적 문제해결을 위한 [생각정리 알고리즘] 창안자

미래를 응원하는 마음을 담아 건네는
특별한 선물

인간과 AI가 공존하는 변화의 시대

우리는 지금 변화의 중심에 서 있으며, 이 시대는 그 어느 때보다도 높은 사고력, 창의력, 문제 해결 능력을 요구하고 있습니다.

변화 속에서도 변하지 않는 진리

그것은 바로 '생각의 힘'입니다. AI와 첨단 기술도 사고력과 창의성이 더해졌을 때 진가를 발휘하기 때문입니다. 이 책은 세상에 없던 독창적이고 혁신적인 생각정리 원리와 방법을 공유하여, 어떤 환경에서도 최고의 성과를 낼 수 있도록 도울 것입니다.

성장의 **시크릿 코드**를 선물하십시오.

압도적인 브레인파워로 변화를 주도하며 미래를 열어 가길 바라는 자신 또는 누군가의 여정에, 『The 생각정리 알고리즘』은 가장 특별한 선물이 되어 줄 것입니다.

과학중점 과정의 교육 효과를 높이기 위해 1학년 때부터 다양한 프로그램을 운영했지만, 기대했던 성과를 얻지 못해 고민하던 중 '생각정리 알고리즘' 프로그램을 알게 되었습니다.

이 프로그램이 진행되는 6시간 내내 학생들이 강의에 몰입하여 적극적으로 참여하는 모습을 보며 깊은 감동을 받았습니다. 무엇보다 강의 후 달라진 학생들의 눈빛과 자세에서, 실패를 두려워하지 않고 도전하려는 태도와 스스로 학습하고자 하는 변화된 모습을 볼 수 있었습니다. 그 후 매년 10월, 1학년 예비 과학 중점 과정은 최필규 대표님의 강좌로 시작하고 있습니다.

교육의 진정한 효과는 학생이 진심으로 받아들일 때 비로소 실현된다는 점을 다시금 깨닫게 해 준 프로그램이기에, 학생들의 성장을 돕고자 하는 선생님들께 이 프로그램을 적극적으로 추천해 드립니다.

36년 경력의 원주고등학교 교사 강미자
2024년 11월 13일

'생각정리 알고리즘' 강좌란?

고교생 또는 대학생을 대상으로
6~7시간으로 진행되는 1DAY 캠프 프로그램

1장   창의 마인드셋

4장　한 페이지로 정리하기

5장　생각정리 알고리즘 활용

프롤로그: 창의성의 여정을 시작하며

21세기를 살아가는 우리는 초등학교 시절부터 창의성의 중요성에 대해 귀가 닳도록 들어 왔습니다. 4차 산업혁명과 AI의 등장은 창의성의 필요성을 더욱 부각시켰지요. 이제 창의성이 무엇인지, 왜 중요한지는 어느 정도 이해되지만, 여전히 풀리지 않는 질문이 남아 있습니다.

"그래서 나보고 어쩌라고?"

창의성이 무엇이고, 왜 필요한지를 이야기하는 사람들은 많습니다. 하지만 '어떻게(How)' 그것을 발휘할 수 있는지 명쾌하게 설명해 주는 이는 드뭅니다. 이 책은 바로 그 물음에 답하기 위해 탄생했습니다.

◇◇◇◇◇◇◇◇

저는 2011년에 우연히 '창의성'이라는 분야를 접하게 되었습니다.

당시에는 공부에 별 흥미가 없던 제가, 어느 날 고등학교 선배님으로부터 전화를 받았습니다. 2009년 창업 후 대학 사업에 매진해 온 저의 경력에 관심을 가지셨던 모양입니다. 통화는 짧게 끝났지만, 그 선배님에 대한 궁금증이 생겨 고교 총동문회 홈페이지를 찾아봤습니다. 검색 결과, 그는 **한국창의력센터**를 운영하며 『**대한민국 창의력 교과서**』라는 책을 집필하신 분이었습니다.

궁금증에 이끌려 책을 주문해 읽던 중, 제 뇌는 흥분으로 가득 찼습니다. 그리고 한 가지 의문이 떠올랐습니다.

"이렇게 독특하고 기발한 프로그램이 왜 여태껏 대학에 알려지지 않았을까?"

얼마 후 저는 한국창의력센터를 찾아갔고, 그 만남은 제 인생의 전환점이 되었습니다. IT에서 교육으로 업종을 전환한 계기가 된 것이지요.

◇◇◇◇◇◇◇◇

2012년, 교육 사업을 시작하면서 선배님께 전수받은 '뉴씽커토이'라는 창의성 계발 프로그램만을 진행했습니다. 그러나 1년이 지난 후, 프로그램이 아이디어를 끌어내는 데는 탁월하지만, 그 아이디어를 기획서로 정리하는 단계로 이어지지 못한다는 점이 아쉽게 느껴졌습니다.

이론보다 실무를 중시하는 사업가로서, 저는 그 부분을 보완하고자 기획 분야에 집중했습니다. 그렇게 2013년, 창의성+기획 프로그램인 '씽커플래너'가 탄생했습니다. 이 프로그램은 곧 ㈜굿아이디어의 대표 브랜드로 자리 잡았고, 이후에도 꾸준히 진화하며 2019년에는 '생각정리노트'로 특허를 받기에 이르렀습니다.

이 책은 바로 그 **생각정리노트**를 기반으로, 머릿속 생각을 시각화하고 구조화하는 원리와 프로세스를 담고 있습니다.

◇◇◇◇◇◇◇◇

이 책은 2011년부터 현재까지, 창의성 분야에 몰두하며 쌓아 온 저의 노하우를 담았습니다. 구구절절한 이론 대신 실생활에 바로 적용할 수 있는 실용적인 내용으로 구성했습니다. 특히, 3장 「생각정리 알고리즘」은 이 책의 핵심입니다. 이를 온전히 익히고 활용해, 여러분의 삶에서 창의성의 필살기로 자리 잡길 희망합니다.

이제, 여러분의 창의성 여정을 함께 시작해 봅시다.

책의 개요

- ☑ 제목: **The 생각정리 알고리즘**
- ☑ 테마: 창의성 계발(사고력/기획력/문제 해결력 등)
- ☑ 컨셉: 머리를 쓰는 모든 순간에 "끌어내고–분류하고–정리하라."
- ☑ 목적: 더 똑똑하고 창의적인 대한민국을 꿈꾸며
- ☑ 대상: 노력에 비해 성과가 불만인 분들께
- ☑ 방법: 최필장군의 **'생각정리 알고리즘'**을 전수
- ☑ 비전: "대한민국 Brain Power-up"

1장

참의 마인드셋

창의성은 어디에 존재하며, 어떻게 키울 수 있을까요?

"수많은 학자가 창의성을 연구했지만, **실제로 창의성을 발휘하는 구체적인 방법**에 대한 설명은 여전히 부족합니다."

이 책은 이러한 한계를 넘어서, **실생활에서 즉시 활용할 수 있는 실무적 접근법**으로 창의성을 다루고자 합니다. 단순한 이론이 아니라, **현실에서 바로 적용할 수 있는 도구와 방식**을 제시하겠습니다.

이 책을 통해, 여러분이 더 효율적이고 창의적으로 두뇌를 활용하는 방법을 배우게 되기를 바랍니다.

# 1. 창의성?

　창의성은 이제 우리의 일상에서 **빼놓을** 수 없는 단어가 되었습니다. 그러나 '창의'라는 말이 너무 흔해지다 보니, 특별한 의미를 잃고 단순한 수식어로 사용되는 경우가 많습니다. 창의 수학, 창의 한자, 창의 놀이, 창의적 체험 활동 등 창의라는 단어가 붙지 않는 이름을 찾기가 어려울 정도죠.

　최근에는 창의와 융합이라는 단어 대신 '통섭'이라는 용어도 자주 사용되는데, 다른 나라에선 어떤지 모르겠지만, 우리나라는 특히 이런 그럴싸한 용어로 화려하게 포장하는 경향이 강합니다. 창의성 교육 분야에서 활동하다 보니, 겉만 번지르르한 용어들로 채워진 현실이 늘 안타깝게 느껴졌습니다. 그래서 공허함을 달래기 위해, 원론적인 이야기부터 시작해 보기로 했습니다.

창의성이란?

　학자들은 저마다의 방식으로 창의성을 정의했습니다.

> 1) **최인수 교수**: 창의성은 영역과 영역 사이의 틈새이다.
> 2) **네드 허먼**: 좌, 우뇌의 상호작용으로 두뇌의 시너지를 창출하는 것이다.
> 3) **아마빌**: 새롭고 적절한 것을 생성해 낼 수 있는 개인의 능력이다.
> 4) **칙센트미하이**: 창의성은 개인의 사고, 집단, 그리고 문화라는 3가지 요소로 구성된 시스템의 상호작용이다.
> 5) **에드워드 드 보노**: 다양한 방법으로 사물을 바라보기 위해 기존의 사고 패턴을 벗어나는 것이다.

보시다시피 정의가 모두 다르며, 다소 혼란스럽게 느껴지기도 합니다.

창의성이란 특정한 형태가 정해져 있지 않고 다양한 모습으로 나타나는 특성이 있으니 어찌 보면 당연한 결과라 하겠습니다. 하지만 여러 정의에서 공통적으로 발견할 수 있는 핵심은 하나입니다.

바로 '새로움(NEW)'입니다.

자, 그렇다면 우리는 어떤 방법으로 'NEW'에 다가갈 수 있을까요?

창의성은 관심에서 비롯된다

몇 해 전 TV에서 본 대학생 창업 이야기가 떠오릅니다.

서울대학교 동아리 학생들이 폐지를 모아 생계를 유지하는 어르신들을 위해 가벼운 손수레를 개발했습니다. 그 손수레에 동네 식당 광고판을 붙여 홍보하고, 식당 수익의 일부를 기부받아 어르신들에게 지급하는 방식으로 사업을 운영했습니다. 그 결과, 동네 식당 매출은 10% 이상 증가했고, 어르신들의 삶의 질도 개선되었습니다.

유튜브 검색:
착한 아이디어…
광고판 달린 '손수레'

자, 여기서 한 가지 의문을 가져 볼 필요가 있습니다.

과연 이 아이디어는

그들이 서울대 학생이었기에 나올 수 있었던 걸까요?

아마 이 책을 읽는 누구도 "그렇다."라고 대답하지 않을 것입니다.

천재들의 머리에서만 나올 수 있는 엄청난 아이디어라기보다는,
누구나 떠올릴 수 있는 아이디어였기 때문이죠.

그렇다면…

내가 사는 동네에도 폐지를 줍는 할머니, 할아버지가 계시건만,
왜 나는 그런 생각을 하지 못했던 걸까?

Why?

창의성의 반대말은 무관심

창의성은 똑똑한 사람들만의 전유물이 아닙니다.

창의성은 '**관심**'에서 시작됩니다. 그래서 창의성의 반대말은 **무관심**입니다. 주변 환경과 변화에 무감각하거나 무관심한 상태에서는 결코 새로움을 만들어 낼 수 없습니다. '**Mindless**', **즉 아무 생각 없이 무관심하게 살아가는 자세로는 창의적인 아이디어에 다가갈 수 없습니다.**

변화무쌍한 시대, 예측 불가능한 세상에서 창의적인 인재가 되기 위해서는 주변에서 일어나는 다양한 현상에 끊임없이 관심을 가지고 관찰하는 습관을 길러야 합니다.

기회는 관심을 가지고 관찰하는 사람에게만 찾아옵니다. 잠시라도 스마트폰에서 눈을 떼고, 주변을 관찰하는 연습을 시작해 보세요.

두 눈 부릅뜨고 주변을 관찰하라.
기회는 그런 자에게만 손을 내민다.

2. 최필장군의 창의성 정의

살면서 누군가를 보며 "저 사람은 정말 특별한 재능을 가졌구나."라고 감탄한 적 있으신가요?

어떤 사람들은 주어진 과제를 남들보다 훨씬 더 쉽고 빠르게 해결하거나, 기발한 아이디어를 척척 내놓습니다. 이런 모습을 볼 때면 은근히 질투심이 올라오곤 하죠. 그들은 과연 어떤 능력을 갖춘 걸까요? 저 역시 그런 사람들을 접할 때마다 솔직히 질투심을 느낀 적이 한두 번이 아닙니다.

TV에서 천재들의 비범한 능력을 자주 접합니다.
어떤 이는 책 한 권을 순식간에 읽고 모든 내용을 꿰뚫는가 하면, 또 다른 이는 복잡한 계산을 순식간에 처리합니다. 그들의 재능은 정말 경이롭죠. 하지만 이런 비범한 능력을 보고 단지 '타고난 천재'라는 말로 치부하며, 정작 자신은 하위 부류로 평가절하하는 것이 과연 올바른 태도일까요?

저는 이에 대해 단호히 "아니요."라고 말하고 싶습니다.
지능은 타고나는 부분이 있을 수 있지만, 창의성만큼은 타고나는 것이 아니라고 확신합니다.

혹시 한 번이라도 천재들의 비범한 능력에
그들만의 특별한 비법이 숨어 있을지 고민해 본 적이 있으신가요?

손정의 회장은 타고난 천재로 알려져 있지만, 사실 그는 자신만의 독특한 방법으로 아이디어를 만들어 냈습니다. 미켈란젤로도 자신만의 창의적 놀이 방식을 통해 예술적 아이디어를 얻었다고 알려져 있습니다(이와 관련된 이야기는 이후 「창의성 스킬」에서 다룰 예정입니다).

어쩌면 이들은 단지 머리가 좋은 것이 아니라, 우리가 모르는 특별한 방법을 활용했기에 '천재'로 평가받은 것일지도 모릅니다.

창의적인 사람들은 자신만의 특별한 **Knowhow**를 가지고 있습니다.

물론 사람마다 그 Knowhow는 다릅니다. 각자의 스타일과 선호도에 따라 다를 수밖에 없으니까요. 하지만 한 가지는 확실합니다. 뛰어난 사람들은 자신만의 독특한 방식이나 노하우를 통해 성과를 만들어 냅니다.

창의성 = Knowhow

이것이 최필장군의 창의성 정의입니다.

일 잘하는 사람들은 남들이 모르는 자신만의 노하우로 탁월한 성과를 만들어 냅니다. 이러한 이유로 저는 창의성을 **Knowhow**라고 정의했습니다 (Knowhow: 어떤 일을 처리하기 위한 요령, 비결, 지식 등을 의미).

독자 여러분도 자신의 분야에서 특별한 노하우를 가지고 계신가요?

3. 타고난 두뇌(사고) 유형은 창의성에 영향을 미칠까?

사람은 저마다 다른 뇌 구조를 타고나는 걸까요?

이 질문은 다소 막연하지만, 대부분의 사람은 본능적으로 "타고난다."라고 답할 것입니다. 하늘 아래 완전히 같은 사람은 없으니까요. 그렇다면, 다음 질문에는 어떻게 답하겠습니까?

창의적인 두뇌 유형이 따로 있을까요?

이 질문은 대답하기가 훨씬 어려울 겁니다. 그럴 수도 있을 것 같고, 아닐 것 같기도 하니까요('창의적'이란 단순 반복을 싫어하고 끊임없이 변화를 시도하며 새로운 것을 추구하는 두뇌 사고 유형을 의미합니다).

사고 유형을 시각적으로 보여 주는 유용한 도구들이 존재합니다.

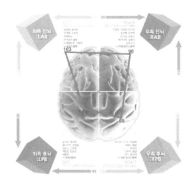
HBTS 검사 결과

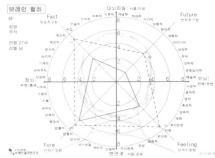
브레인 컬러 4F 검사 결과

1920년대, 스위스 정신과 의사 카를 구스타프 융(Carl Gustav Jung)은 인간의 두뇌가 네 가지 영역으로 나뉘며, 이 각각의 영역이 서로 다른 기능을 수행하고, 활성화 정도에 따라 사람의 사고와 행동에 큰 영향을 미친다는 사실을 발견했습니다. 이 이론을 바탕으로 1960년대에 두뇌 평가 방법들이 등장하기 시작했습니다.

1970년대에는 뇌파 측정을 통해 네 가지 영역에 대한 더 깊은 연구가 진행되었고, 80년대 후반에는 캐서린 벤지거(Katherine Benziger) 박사와 Karl Pribram 박사가 융의 이론을 20년 이상 연구하며, Richard Haier와 Hans Eyszenck의 연구를 결합하여 **BTSA**(Brain Thinking Style Assessment)를 개발했습니다.

한국에서는 고(故) 박형배 박사가 이를 바탕으로 **HBTS**(Human Brain Thinking Styles)라는 프로그램을 발전시켰으나, 박사 타계 이후로는 발전이 멈춰 있는 상태입니다.

또한, 이와 유사한 프로그램으로는 네드 허먼(Ned Herrmann)의 **'홀 브레인 리더십'**이 있습니다. 전체적으로 BTSA와 유사하지만, 용어에서 약간의 차이가 있습니다. BTSA는 의학적인 접근으로 발전했지만, 홀 브레인 리더십은 심리학적 관점에서 발전하여 조직 관리(리더십, 직무 설계 등)에 많이 활용됩니다.

한국에서는 브레인컬러연구소의 **김병선 박사**가 네드 허먼의 이론을 발전시켜 **Brain Color 4F 진단 툴**을 만들었습니다. 이 툴은 HBTS에 비해 심플하고 수준별 검사를 제공하여, 성인은 물론 어린이와 청소년들의 두뇌 성향 분석 및 진로 설계에 유용하게 활용되고 있습니다.

이 두 가지 이론은 모두 사람의 두뇌 유형이 선천적으로 타고난다고 이야기합니다. 네 가지 두뇌 영역은 독립적으로 작동하지 않고 상호작용하지만, 특정 영역이 우세하게 타고난다는 것입니다(물론, 이는 고정불변이 아니며, 훈련과 노력으로 변화가 가능합니다).

예를 들어, 우측 상단 영역이 우세한 사람들은 변화와 창조를 지향하는 성향이 강합니다. 이들은 새로움을 추구하는 경향이 있어 창의성 발휘에 유리한 조건을 갖추고 있다고 볼 수 있습니다.

그렇다면, 우측 상단의 수치가 낮은 사람들은
창의성을 기대할 수 없을까요?

다행히도, 그렇지 않습니다. 타고난 두뇌 유형과 상관없이 창의성을 발휘할 수 있는 좋은 방법이 있기 때문입니다.

바로 **도구**의 활용입니다.

인류의 역사는 도구의 활용에서 시작되었습니다. 창의성의 세계에서도 도구는 강력한 힘을 발휘합니다.

하지만 안타깝게도 많은 이가 창의성을 위한 도구의 존재를 모르거나, 제대로 배우지 못해 활용하지 못하고 있습니다.

이러한 한계를 극복하고자 저는 이 책에 저의 15년 노하우를 담았습니다. 『The 생각정리 알고리즘』은 이제 여러분의 창의성과 실무 능력을 극대화하는 강력한 도구가 되어 줄 것입니다.

독자 여러분께 드리는 당부

책을 중도에 멈추지 말고 끝까지 읽어 주세요. 그리고 배운 내용을 삶에 적용해 보세요. 창의성을 발휘하는 새로운 세계가 열릴 것입니다.

 # 4. 아폴로 신드롬

㈜굿아이디어는 '열정, 화합, 칭찬'을 기본 사상으로 창의성을 가르쳐 온 회사입니다. 창의성 교육 전문 회사로서 우리는 늘 특별한 방식으로 프로그램을 운영해 왔으며, 캠프를 시작하고 팀이 편성되는 순간부터 이 교육 사상을 실천해 왔습니다.

팀 구성 원칙은 간단합니다.
팀원들이 서로 모르는 사람들로 이루어지도록 구성합니다. 이는 팀원 간의 화합을 가르치기 위함입니다. 또한, 처음부터 끝까지 **칭찬의 중요성**을 강조합니다.

학생들이 칭찬의 효과를 몸소 체험하면서 팀 분위기 속에서 자연스럽게 열정이 분출되도록 돕습니다. 이 모든 과정을 통해 학생들은 창의성을 발휘하는 핵심 원리를 이해하게 됩니다.

㈜굿아이디어는 2012년 6월 연세대학교와 처음으로 창의성 캠프를 시작한 이후, 1박 2일 또는 2박 3일의 창의성 캠프를 수백 회 이상 운영한 경험이 있습니다. 캠프의 후반부(2일 차 또는 3일 차 마지막 시간)는 대부분 아이디어 경진대회로 마무리되었으며, 상장과 함께 상당한 수준의 상금도 수여했습니다.

1등 팀(6명 내외)에게는 30만 원에서 50만 원의 포상금이 주어졌습니다. 그래서인지는 모르겠으나 모든 교육이 끝난 후 경진대회 과제가 발표되면 모든 팀이 캠프 시작 때와 같은 열정으로 다시 정신을 재무장합니다.

학생들은 캠프에서 배운 모든 스킬을 총동원해 PT 발표까지 밤잠을 자지 않고 '열정, 화합, 칭찬'을 실천하며 임무를 수행했습니다. 이러한 경험 속에서 우리는 한 가지 재미있는 사실을 발견했습니다.

캠프가 시작된 후 한두 시간이 지나면, **어느 팀이 경진대회에서 1등을 할지 대략 짐작할 수 있다**는 점입니다. 신기하지 않나요?

아폴로 신드롬

탁월한 인재들로 구성된 집단일수록 오히려 낮은 성과를 내는 현상을 의미합니다. 이 용어는 1981년 영국의 경영학자 메러디스 벨빈(Meredith Belbin)이 그의 저서 『팀 경영의 성공과 실패』에서 처음 사용했습니다.

벨빈은 뛰어난 두뇌를 가진 사람들을 선발해 **아폴로 팀**이라 이름 붙이고, 이 드림팀이 어떤 성과를 낼지 1960년대부터 약 10년간 관찰했습니다. 우주선 같은 복잡하고 어려운 과업을 처리하려면 탁월한 인재들이 필요할 것이라는 가정하에서 진행된 이 실험에서, 벨빈은 **뛰어난 인재들로만 구성된 팀이 오히려 더 낮은 성과**를 보인다는 사실을 발견했습니다.

그들은 문제 해결 과정에서 협력하기보다는 자신의 의견만 고집하며 논쟁으로 시간을 낭비하는 경우가 많았습니다. 탁월한 지능이 반드시 탁월한 성과로 이어지지 않는 이유는 바로 여기에 있었습니다.

창의성 캠프의 관찰: 팀워크와 성과의 상관관계

캠프에서 무작위로 구성된 팀들은 다양한 모습을 보였습니다.

우리는 **열정, 화합, 칭찬**을 지속적으로 강조했지만, 일부 팀은 통제가 어려운 경우도 있었습니다.

가장 문제가 되는 팀은 고집스러운 인재가 팀을 독단적으로 이끄는 경우였습니다. 이러한 팀은 논쟁과 갈등으로 시간을 허비하며, 좋은 결과를 내지 못하고 강사에게도 큰 어려움을 주는 경우가 많았습니다.

그렇다면 과연 유력한 1등 팀은 어떤 팀일까요?

1등이 예상되는 팀은 일단 시끌벅적합니다.

팀원 누구도 눈치를 보지 않고 자유롭게 의견을 말하며, 아무도 독단적으로 행동하지 않습니다. 힘들 때는 서로 격려하고, 팀원 모두가 열심히 참여해 높은 수준의 하모니를 이룹니다.

우주선을 만드는 것과 같은 대단한 작업이 아니더라도, 열정, 화합, 칭찬이 있는 팀이라면 무엇이든 해낼 수 있습니다. 저는 평범한 사람들이 모여, 짧은 시간 안에 놀라운 성과를 내는 모습을 창의성 캠프에서 수없이 목격해 왔습니다.

조직(팀)은 **다양한 역할을 가진 사람들이 서로 협력하며 각자의 책임을 다할 때 최고의 성과**를 낼 수 있습니다. 이것이 바로 우리가 정의하는 '조직 창의성'입니다.

 # 5. 천재의 탄생

천재(天才).

이 말은 언제쯤부터 쓰이기 시작했을까요?
아마도 "언제부터 인간의 재능을 인정하기 시작했을까?"라는 질문이 더 적절할지도 모릅니다.

오늘날 우리는 누구나 한 가지 이상의 재능을 타고났다고 믿으며, 각자의 재능을 발휘하고 키우기 위해 노력하는 시대에 살고 있습니다. 그런데 과연 과거에도 그랬을까요?

불행히도 인류의 역사는 그렇게 단순하지 않았습니다.
고대 로마가 몰락한 후, **중세 시대**(5세기~15세기 중엽)는 인간성이 철저히 억압된 시기였습니다.

봉건사회와 신본주의가 중심이었던 이 암흑의 시대에는 인간의 존재와 재능이 무시되었습니다. 만약 이 시기에 비범한 재능을 가진 사람이 태어났다면, 그는 자신의 능력을 숨겨야만 했습니다.

인간은 신의 영역을 넘어설 수 없는 존재로 여겨졌으며, 특별한 재능이나 행동은 신성 모독으로 간주되어 목숨을 잃을 위험이 있었으니까요.

르네상스: 천재가 탄생하는 시대

그러나 시간이 지나면서 인간은 신의 억압에서 벗어나려는 움직임을 시작했습니다. 14세기~16세기 유럽에서 시작된 **르네상스**(다시 태어난다)는 인간성과 인본주의를 존중하며, 찬란했던 고대 로마의 문화를 부흥시키려는 운동이었습니다.

이 운동은 **문화, 예술, 정치, 과학** 등 모든 분야에 걸쳐 다양한 시도와 실험을 촉진하며 창의성의 폭발적인 표출을 가능하게 했습니다. **생각과 표현의 자유**가 열리며, 인간의 창의적 재능이 비로소 빛을 발하기 시작한 것입니다.

르네상스 시대에 등장한 레오나르도 다빈치, 미켈란젤로, 라파엘로 같은 천재들은 바로 이러한 자유로운 환경 덕분에 탄생할 수 있었습니다.

우리는 다음과 같은 의문을 가져 봐야 합니다.
1) 왜 중세 시대에는 르네상스 시대처럼 뛰어난 천재들이 등장하지 않았을까?
2) 인간의 창의적 재능은 어떤 조건에서 최대로 발휘될까?

조직문화와 창의성

많은 CEO는 그 해답을 **조직문화**에서 찾습니다.
자유롭게 다양한 생각을 표현하고, 다양한 시도를 허용하는 환경에서 인간의 잠재력이 최대로 발휘된다는 사실을, 르네상스가 우리에게 가르쳐 주었기 때문입니다.

천재적인 CEO들은 이미 알고 있습니다. **조직문화가 기업의 성패를 좌우한다는 사실을.**

조직문화는 단순한 관리 체계가 아니라, **인간의 잠재된 능력을 자유롭게 펼칠 수 있는 환경**을 만드는 데 초점이 맞춰져야 합니다.

어느 시대에나 비범한 재능을 가진 사람은 존재했을 것입니다.
그러나 그 재능을 알아볼 수 있는 **눈**이 없었거나, 그 재능이 발휘될 수 있는 **환경**이 마련되지 않았다면, 천재는 세상에 모습을 드러내지 못하고 조용히 사라졌을 것입니다.

창의성은 어디에 존재하는가?

물론, 창의성은 인간의 머릿속에 존재합니다.
하지만 적절한 환경을 만나지 못한다면, 그것은 절대로 발휘될 수 없습니다.
따라서 우리는 **"창의성은 조직문화 속에 존재한다."**라는 결론을 내릴 수 있습니다.

천재는 **창의성이 최대로 발휘될 수 있는 최상의 환경**(조직문화)에서 비로소 탄생하게 되는 것입니다.

창의성은 환경에 달렸습니다

르네상스는 창의성이 어떤 환경에서 꽃피울 수 있는지 보여 준 시대입니다. 여러분이 속한 조직과 사회는 천재가 탄생할 수 있는 환경을 제공하고 있나요?

열정과 화합, 자유로운 표현이 허용되는 환경이 만들어질 때, 우리는 창의적인 천재를 맞이할 준비가 된 것입니다.

6. 메디치 효과

르네상스를 이야기할 때 이탈리아, 특히 피렌체를 빼놓고는 설명할 수 없습니다. 그렇다면 르네상스의 발상지인 피렌체에서는 과연 어떤 일이 일어났던 걸까요?

메디치 가문의 이야기를 해 볼까 합니다.

이야기의 중심에 메디치 가문이 있습니다. 1400년대부터 약 350년간 피렌체를 대표했던 메디치 가문은 다양한 문화와 예술가들을 후원하며 르네상스 시대가 꽃피는 데 결정적인 역할을 했습니다. 이 가문은 시인, 철학자, 과학자, 화가, 건축가, 조각가 등 각 분야의 인재들을 지원하며, 역사상 가장 혁신적인 시대를 견인했습니다.

미켈란젤로 광장에서 바라본 피렌체의 도시 풍경

메디치 가문은 단순히 천재들에 대한 경제적 후원만으로 이런 혁신을 이끌어 낼 수 있었을까요? 답은 "아니요."입니다. 그들이 남긴 혁신의 발자취는 후원 이상의 특별한 노하우에 기반을 두고 있었습니다.

당시 메디치 가문은 다양한 분야의 인재들이 자유롭게 소통하고 협력할 수 있는 환경을 조성했습니다. 이 환경에서 각 분야의 경계가 허물어지고, 다양한 아이디어가 만나 새롭고 혁신적인 조합이 탄생했습니다.

이러한 현상을 프란스 요한슨은 그의 저서 『메디치 효과』에서 '교차점'이라고 표현하며, 이 교차점에서 혁신적인 아이디어들이 폭발적으로 생성된다고 설명했습니다.

메디치 효과

교차점에서 새로운 조합과 융합이 자연스럽게 일어나는 현상

교차점은 서로 다른 분야와 사고를 가진 사람들이 만나 기존에 없던 독창적인 아이디어가 탄생하는 공간입니다. 이곳은 경쟁이 아닌 협력을 통해 창조적인 결과를 도출하는 무대입니다.

놀랍게도, 21세기인 지금도 우리는 여전히 많은 조직이 협력보다는 경쟁을 우선시하는 문화를 가지고 있습니다. 그러나 500년 전 피렌체에서는 이미 협업의 원리를 이해하고 융합을 통해 혁신을 창조했습니다. 그야말로 르네상스의 발상지다운 선구적인 모습입니다. 정말 놀랍지 않나요?

현대 기업에서도 메디치 효과의 원리를 차용한 사례를 쉽게 찾아볼 수 있습니다.

픽사(Pixar) 시절, 스티브 잡스는 직원들이 자주 사용하는 공간(화장실, 우편함, 카페 등)을 건물 중앙에 배치했습니다. 이 배치는 연관성이 없는 부서 직원들 간에도 자연스러운 만남과 소통을 유도하기 위함이었습니다. 이러한 '우연한 만남'이 협력을 촉진하고, 이후 애플에서도 큰 역할을 하게 되었다고 알

려져 있습니다.

우리는 지금 융합의 시대에 살고 있습니다. 그렇다면 우리는 무엇을 통해, 그리고 어떤 방식으로 화합과 융합을 이룰 수 있을까요? 우리의 교육과 조직이 교차점 위에 설 수 있도록, 우리는 어떤 혁신을 만들어 가야 할까요?

 # 7. 창의성의 3대 요소

많은 학자가 창의성을 연구하며 다양한 창의성 모델을 정립해 왔습니다. 그중에서도 가장 널리 참조되는 토랜스와 아마빌의 모델을 통해 창의성의 핵심 요소를 살펴보겠습니다.

창의성은 아래 그림과 같이 세 가지 요소로 이루어집니다. 토랜스는 이 세 가지 요소가 만나는 교집합에서 창의적 행동이 일어난다고 하여 이를 **'창의적 행동 모델'**이라 명명했고, 아마빌은 교집합 자체를 창의성이라고 정의하며 **'창의성 모델'**이라 불렀습니다.

토랜스-창의적 행동 모델 / 아마빌-창의성 모델

1) 동기

창의성의 발휘는 동기가 중요한 역할을 합니다. 동기는 과제에 대한 이유를 제공하며, 개인적 동기와 조직적 동기로 나누어 살펴볼 수 있습니다.

① 개인적 동기

개인적 동기는 특정 과제에 대한 개인의 관심과 열정을 의미합니다. 동기가 강할수록 흥미와 몰입도가 높아지며, 창의성이 발휘될 가능성도 커집니다. 자신의 관심사와 맞는 일을 하는 것이 창의성을 최대한 발휘하는 최선의 방법입니다. 반대로 억지로 하거나 강요받은 일에서는 창의성이 발현되기 어렵습니다. 따라서 자신의 타고난 재능을 발견하고, 그에 맞는 진로를 설계하는 것이 매우 중요합니다.

② 조직적 동기

조직 내에서 창의성은 혼자가 아닌 여러 구성원의 협력을 통해 발휘됩니다. 이때 조직의 열정을 촉진하는 핵심은 리더십입니다. 리더는 구성원들이 열정을 다해 일할 수 있는 환경과 문화를 조성해야 합니다. 창의성 넘치는 조직은 리더십에 의해 만들어집니다.

2) 창의성 스킬

창의성을 발휘하려면 특정한 기술이나 도구가 필요합니다. 창의성 스킬은 이러한 기술들을 체계화한 것으로, 이를 잘 활용하면 누구나 창의적이고 똑똑한 사람이 될 수 있습니다.

세상에는 수많은 창의성 스킬이 존재하며, 이를 활용하면 창의적 사고를 극대화할 수 있습니다. 그러나 사람마다 사고 스타일이 달라서 모든 스킬이 모든 사람에게 유용하지는 않습니다. 자신에게 맞는 스킬을 찾아 선택적으로 활용하는 것이 중요합니다. 창의성 스킬에 대한 구체적인 내용은 이후 장에서 더 자세히 다룰 예정입니다.

지식과 경험은 창의성을 발휘하는 데 필수적인 재료입니다. 우리가 공부하고 경험을 쌓는 이유도 결국 창의성을 키우기 위함입니다.

일반적으로 풍부한 지식과 경험을 가진 사람들은 더 창의적인 경우가 많습니다. 그러나 때로는 이러한 지식과 경험이 창의성을 방해하기도 합니다. 예를 들어, 젊은 시절 창의적이었던 천재들이 나이가 들면서 고정관념과 사고의 경직성에 갇혀 창의성을 잃는 경우를 종종 볼 수 있습니다. 이는 자신이 이룩한 업적에 지나치게 집착하거나 익숙한 사고의 틀에 빠져들기 때문입니다.

해결 방법: 메디치 효과

이 문제를 해결할 방법을 '**메디치 효과**'에서 찾을 수 있습니다.

현대 사회는 더 이상 '고독한 천재'를 추앙하지 않습니다. 창의성은 혼자만의 사고 틀에 갇힌 지식과 경험을 넘어서, 다른 사람들의 생각과 경험과의 연결을 통해 극대화될 수 있습니다. 서로 다른 배경과 전문성을 가진 사람들이 만나 새로운 연결을 만들어 낼 때, 창의성은 새로운 차원으로 확장됩니다.

> "모든 링크의 합이 당신이다. 당신의 연결이 곧 당신의 미래다!"
>
> 출처: 『기획자의 생각』, 이정훈 저

이 문장은 메디치 효과가 창의성에 미치는 강력한 영향을 잘 요약합니다. 주변의 다양한 사람들과 연결하고, 그들과의 교류를 통해 새로운 아이디어가 탄생할 수 있는 교차점을 창조해 보세요.

8. 세 가지 능력을 갖춰라

현대 사회에서 유능한 인재란?

현대 사회에서 유능한 인재란 단순히 IQ가 높은 사람을 의미하지 않습니다. 물론 지능지수가 높으면 많은 부분에서 유리할 수 있지만, 그것이 곧 유능함을 보장하지는 않습니다. 현대 사회는 너무나 복잡하고 다양한 능력을 요구하기 때문입니다.

예를 들어, IQ가 높다면 수학을 잘할 가능성은 크지만, 노래를 잘하거나 대인 관계 능력이 뛰어나다는 보장은 없습니다. 과거 산업화 시대에는 공부만 잘하면 비교적 쉽게 성공할 수 있었지만, 오늘날 세상은 그렇지 않습니다. 우리는 다양한 능력과 재능이 요구되는 융합의 시대에 살고 있습니다.

협업의 중요성

오늘날 복잡한 문제는 한 사람의 뛰어난 능력만으로 해결하기 어렵습니다. 대부분의 문제는 다양한 관점과 기술이 결합된 **팀워크**를 통해 해결됩니다. 이를 우리는 **협업**이라 부르며, 협업의 결과를 **융합**이라 합니다. 각자의 재능을 발휘하며 서로 협력할 때 더 나은 성과와 의미 있는 성취를 이룰 수 있습니다. 협업은 현대 사회에서 성공적인 인재가 반드시 갖춰야 할 기본 덕목입니다.

다중지능이론: 인간 재능의 다양성

　　1983년, 하워드 가드너 박사는 인간의 지능이 단일 척도로 측정될 수 없음을 주장하며, **다중지능이론**을 발표했습니다. 그는 인간의 지능을 8가지로 나누어 설명했습니다.

- 언어지능
- 논리/수학지능
- 공간지능
- 신체운동지능
- 자연친화지능
- 음악지능
- 대인관계지능
- 자기성찰지능

　　가드너의 이론은 IQ 하나로 사람의 재능을 판단하던 방식에서 벗어나, 인간 재능의 다양성을 인정하고 존중해야 한다는 중요한 메시지를 전달합니다. 그의 이론에서 보듯, 사람들은 각기 다른 재능과 소질을 타고났습니다.

성공적인 인재를 위한 세 가지 능력

　　많은 전문가가 미래 사회에서 필요한 역량으로 다음 세 가지를 강조합니다:

창의력 / 문제 해결 능력 / 소통 능력

창의력

　　창의력은 문제를 해결하는 데 있어 핵심적인 역할을 합니다. 평범한 해결책만으로는 더 이상 경쟁력을 갖추기 어렵기 때문에, 새로운 발상과 창의적인 접근이 필요합니다. 창의력은 문제 해결 능력을 가능하게 하는 **원동력**입니다.

문제 해결 능력

　　문제를 단순히 발견하는 것에 그치지 않고, 이를 분석하고 실행 가능한 해결책으로 옮기는 능력입니다. 창의력과 결합될 때, 문제 해결 능력은 더욱 강력해집니다.

소통 능력

소통은 협업을 가능하게 하는 가장 중요한 요소입니다. 아무리 뛰어난 아이디어나 해결책이 있더라도, 이를 효과적으로 공유하지 못한다면 무용지물입니다. 소통 능력은 개인의 성공뿐 아니라 조직의 성과에도 직접적인 영향을 미칩니다.

미래형 인재란 무엇인가?

이 세 가지 능력을 균형 있게 갖춘 인재를 가리켜 **'협력하는 괴짜'**라고 부릅니다. 이는 현대 사회가 요구하는 창의적이고 융합적인 인재상을 잘 표현한 개념입니다.

미래형 인재: 협력하는 괴짜

협력: 소통 능력을 갖춘 사람

괴짜: 자유롭게 창의적으로 사고하는 사람

협업과 소통: 성공의 기본 조건

앞서 말했듯, 뛰어난 재능과 지식을 가졌더라도 이를 공유하고 협력하지 못한다면 발전은 어렵습니다. 다양한 재능이 교차점에서 만나더라도, 소통이 이루어지지 않으면 교차점은 무의미해집니다.

소통은 단순히 대화를 나누는 것을 넘어, **상대방을 이해하고 이견을 조율하는 능력**을 포함합니다. 소통 능력이 부족하면 협력이 어려워지고, 결국 조직 내에서 고립될 가능성이 높아집니다.

세 가지 능력을 갖춘 미래형 인재가 되기 위해

창의력, 문제 해결 능력, 소통 능력은 각각 독립적인 역량처럼 보이지만, 결국 협업이라는 틀 안에서 **하나로 연결**됩니다. 이 세 가지 능력을 갖춘다면, 현대 사회에서 어떤 도전에도 자신 있게 맞설 수 있을 것입니다.

창의적이면서도 협업을 중시하는 인재가 되어, 더 나은 세상을 만들어 가시길 바랍니다.

 # 9. 오늘 할 일을 내일로 미뤄라?

"오늘 할 일을 내일로 미루지 말라!"

우리는 어릴 때부터 이 말을 듣고 자랐습니다. 게으름은 나쁜 습성이고, 일을 미루면 인생의 낙오자가 될 수 있다는 메시지가 우리를 지배해 왔습니다. 그러나 이 말이 항상 진리일까요?

신지혜 씨의 창의성 연구에 따르면, **의도적으로 일을 미룬 경우, 창의성이 28% 증가**했다고 합니다. 놀랍지 않나요? 일을 미루는 것이 단순한 게으름이 아니라면, 오히려 창의력을 증진시키는 비결이 될 수 있다고 하니 말입니다.

일을 미룸으로써 대박을 낸 사례들을 살펴봅시다.

레오나르도 다빈치는 대표적인 예입니다.

그는 걸작 「모나리자」를 완성하는 데 무려 16년이 걸렸습니다. 그 과정에서 그림을 멈추고 원근법과 빛의 분산 같은 과학적 연구에 몰두했으며, 이러한 실험들은 그의 작품에 새로운 영감과 깊이를 더했습니다. 이처럼 **미룸의 시간은 단순한 지연이 아니라 생각을 숙성시키는 과정**이었습니다.

와비 파커(Warby Parker)의 창업자 데이브 길보아와 닐 블루먼솔도 미루기의 효과를 증명한 사례입니다.

창업 초기, 애덤 그랜트 교수에게 투자 요청을 했으나 거절당한 후 6개월간 아이디어를 다듬고 시장을 분석했습니다. 결과적으로, 이들은 창업 5년 만에 2015년 **혁신기업 1위**로 선정되는 쾌거를 이뤘습니다. 빠르게 시작했지만 천천히 완성한 그들의 전략이 성공을 만들어 낸 것입니다.

미루기의 본질: 단순한 지연이 아닌 생각의 숙성

미루기는 게으름처럼 보일 수 있지만, **의도적 미루기**는 다른 차원입니다. 좋은 아이디어가 떠오르면 우리는 흔히 그것에 집착하여 더 나은 아이디어를 떠올릴 기회를 놓치곤 합니다. 반면, 일을 미루면 새로운 관점에서 문제를 바라볼 수 있고, 더 창의적인 해결책을 모색할 시간이 생깁니다.

의도적 미루기란 무엇일까요?

- 단순히 시간을 낭비하는 게 아니라, 미션을 머릿속에 담아 둔 상태에서 미루는 것입니다.
- 미완성 상태의 미션은 두뇌를 계속 고민하게 만들어 다양한 해결책을 탐색하게 합니다.

물론, 생산성 측면에서는 단기적으로 손해처럼 보일 수 있습니다. 하지만 고도의 창의성이 필요한 과업이라면 한 번쯤 시도해 볼 만한 전략입니다.

미루기의 두 가지 조건

1) 귀찮아서 미루지 말 것

미루기에는 철저한 사전 계획과 업무 방향의 명확성이 필요합니다. 준비 없이 미루는 것은 단순한 지연일 뿐입니다.

2) 미션에 대한 열정 필수

창의성의 핵심 요소 중 하나는 '동기'입니다. 미루는 동안에도 미션에 대한 열정이 있어야만 두뇌가 다양한 해결책을 고민할 수 있습니다.

미루기의 효과를 높이는 방법: 산책의 힘

그렇다면, 일을 미루는 동안 무엇을 하면 좋을까요?

스탠퍼드 대학의 연구에 따르면, **걷고 난 직후 창의적인 결과물이 60% 더 많아진다**고 합니다. 걷는 동안 우뇌가 활성화되어 창의적인 사고가 촉진됩니다.

따라서 창의적인 결과물이 필요하거나 머릿속이 복잡할 때는 잠시 일을 미루고 산책하며 여유를 즐기세요. 걷는 동안 두뇌는 복잡한 문제를 단순화하고 새로운 해결책을 떠올리는 데 도움을 줍니다.

위대한 천재들은 완벽한 결과물을 만들어 내기 위해 시간을 두고 아이디어를 다듬는 과정을 반복했습니다. 설익은 해결책을 성급히 내놓으려는 충동을 억제하고, 생각을 숙성시키는 시간을 가져 보세요.

대구지방법원 뒤 공원 산책로

특히 높은 사고력과 창의적 해결책이 필요한 과제라면, 의도적 미루기의 효과를 경험해 보시길 바랍니다.

오늘 할 일을 내일로 미루어라!

 # 10. 천재들의 특징 세 가지

2008년, 『월스트리트저널』은 게리 해멀(Gary Hamel) 교수를 세계 최고의 경영 대가로 선정했습니다. 당시 해멀 교수는 혁신적인 비즈니스 리더 200명을 심층 분석해 그들의 공통점을 도출하고자 했습니다. 이 200명에는 마이클 델(델 컴퓨터 창업자/CEO), 래리 페이지(구글 창업자/CEO), 리처드 브랜슨(버진 그룹 창업자/CEO) 등이 포함되었습니다.

해멀 교수는 여러 특징 중에서 창의적 혁신가들의 세 가지 주요 특징을 다음과 같이 요약했습니다.

첫 번째 특징: 역발상의 기질이 강하다.
혁신가들은 기존의 방식을 그대로 따르지 않고, 역발상적 접근을 통해 새로운 기회를 만들어냅니다.

예를 들어, **레이 크록**은 멀티믹서기를 판매하다가 맥도날드 형제를 만나 프랜차이즈 비즈니스 모델을 접목해 맥도날드를 전 세계적으로 성장시켰습니다. 그는 기존의 식당 운영 방식을 뒤집는 아이디어를 통해 전설적인 비즈니스 모델을 창출했습니다.

또한, **리처드 브랜슨**은 버진 애틀랜틱 항공사를 설립하며, 기존 항공사들이 채택했던 Hub&Spoke 노선 설계 대신 주요 도시 간을 직접 연결(Point-to-Point)하는 방식을 도입해 큰 성공을 거두었습니다.

역발상을 위한 중요한 마음가짐

"왜 꼭 저렇게 해야 하지? 다른 더 좋은 방법은 없나?"

이러한 질문은 겉보기에는 부정적으로 보일 수 있지만, 사실 이는 새로운 가능성을 찾아내려는 **강한 긍정적 태도**를 반영합니다.

두 번째 특징: 세상을 레고 블록처럼 본다.

혁신가들은 전체를 통찰하면서도 세부적인 요소를 명확히 이해하는 능력을 갖추고 있습니다.

그들은 서로 다른 요소들을 연결하여 새로운 것을 창조해 냅니다. **스티브 잡스**는 이러한 능력을 대표적으로 보여 준 인물입니다. 그는 전혀 다른 분야의 사물과 현상을 연결하여 세상에 없던 제품과 서비스를 만들어 냈습니다.

"스티브 잡스는 새로운 것을 만들어 내지 않았다. 단지 서로 다른 사물과 현상을 연결했을 뿐이다."

『스티브 잡스 무한 혁신의 비밀』 중에서

오늘날처럼 연결된 세상에서는 **전체와 부분**을 동시에 이해하는 능력이 필수입니다. 숲을 보면서도 나무를 놓치지 않는 통찰력이야말로 혁신의 시작점입니다.

세 번째 특징: 현재를 관찰하는 능력이 뛰어나다.

혁신가들은 미래를 예측하기보다 **현재를 깊이 관찰**합니다.

타임머신을 타고 미래에서 온 사람이 아닌 이상, 미래를 정확히 내다보는 것은 불가능합니다. 대신 그들은 현재 일어나고 있는 트렌드와 현상에 주목합니다.

예를 들어, **마크 저커버그**는 젊은 세대가 인터넷에서 소통하는 방식을 관찰하고, 이를 기반으로 페이스북이라는 도구를 만들어 냈습니다. 기술 그 자체보다는 사람들이 무엇을 원하는지를 파악하고 행동으로 옮긴 결과입니다.

요약하면,

혁신가들은

- **긍정적인 마인드로 기존 방식에 의심**을 품고
- **부분과 전체를 통찰**하려 노력하며,
- **현재 벌어지고 있는 현상**에 깊은 관심을 가진다.

결국, 이 모든 특징은 열정에서 비롯됩니다.

혁신가들은 세상과 자신에 대한 **긍정적 태도**, **깊이 있는 통찰력**, 그리고 **현재에 관한 관심**을 통해 세상을 변화시킵니다.

11. 군자화이부동 소인동이불화

子曰: "君子和而不同, 小人同而不和."

공자께서 말씀하시길,

군자는 생각이 다른 사람과도 화합을 이루되, 자신의 주관을 잃지 않는다.

소인은 주관마저도 버리고 상대방에게 동화된 것처럼 보이지만, 진정한 화합은 이루지 못한다.

• 和: 상대의 생각이 나와 다르더라도 자신의 주관을 견지하며 상대를 존중하는 것.
• 同: 이익을 위해 자신의 주관을 버리고 상대에게 동화되는 것.

화합은 배려와 이해가 바탕이 되어야만 합니다. 주관을 유지하면서도 화합할 수 있는 것은 상대를 배려하기 때문입니다. 반면, 상대에게 동화된 것처럼 보이지만 진정한 화합이 이루어지지 않는 것은 배려 없이 욕심만을 좇기 때문입니다.

조직 생활을 하다 보면 군자와 소인 모두를 만나게 됩니다. 조직 내에서 소인은 독이 되어 구성원의 결속을 깨뜨리고, 결국 조직 창의성을 떨어뜨립니다. 소인은 신입사원일 수도, 심지어 리더일 수도 있습니다. 후자의 경우, 문제가 더욱 심각해질 수 있죠.

"和하면 生할 것이요, 不和하면 死할 것이다."

화합은 단순히 조직 내 인간관계를 넘어, 융합과 창의성을 위한 필수 조건입니다.

당신은 군자인가, 소인인가?

12. 和와 不和의 결과

성공적인 협업의 사례: 해적이 되자

1980년대 초, 매킨토시 개발을 위해 특별한 팀이 구성되었습니다. 이 팀은 애플의 기존 조직에서 분리되어, 별도의 건물에서 작업하며 **"해적이 되자!"**라는 구호를 외쳤습니다. 이 구호는 마치 특공대처럼 팀의 결속력을 상징했으며, 얼마 지나지 않아 건물 옥상에 해적 깃발이 걸릴 정도로 팀원들의 마음속에 자연스럽게 스며들었습니다. 이러한 정신은 매킨토시 팀을 넘어 애플 전체로 퍼져 나갔습니다.

스티브 잡스가 애플로 복귀한 후 아이팟 개발에서도 동일한 협업 방식이 적용되었습니다. 하드웨어, 소프트웨어, 펌웨어 등 각 분야의 전문가들이 각자의 경계를 넘어 협력했고, 그 결과 기존의 기술을 조화롭게 결합하여 혁신적인 제품 **아이팟**을 탄생시켰습니다.

흥미롭게도, 아이팟에 사용된 기술들은 이미 존재하던 것들이었습니다. 그러나 애플 팀은 각 기술 요소를 완벽하게 결합하고 조율하여, 전혀 새로운 형태의 혁신적인 제품을 세상에 내놓았습니다. 이것이 바로 **화합**(和)을 통해 협업이 성공적으로 이루어진 사례입니다.

불화의 사례: 소니의 실패

　협업의 부재, 즉 **불화**(不和)는 조직의 쇠퇴를 가져오는 주된 원인입니다. 그 대표적인 사례가 과거의 **소니**입니다.

　소니는 한때 혁신적 제품들을 선보이며 업계를 선도했지만, 내부의 경쟁 중심 문화를 극복하지 못하고 결국 쇠락의 길을 걸었습니다. 소니는 사내 엔지니어들 간의 경쟁을 촉진하는 문화를 유지했으며, 이는 초기에는 성과를 끌어내는 데 기여했으나, 시간이 지나면서 큰 약점으로 작용했습니다.

　아이팟을 따라잡기 위해 시작된 '**커넥트**(Connect)' 프로젝트는 휴대용 음악 플레이어를 온라인 뮤직 스토어와 연결하려는 야심 찬 계획이었습니다. 하지만, 각 부서 간의 불협화음과 사일로(Silo)[1] 문화는 협업을 저해했습니다.

　소니의 부서들은 서로 소통하지 않고, 자신의 이익만을 추구하는 폐쇄적 운영 방식을 고수했습니다.

　당시 소니 미국 법인장이었던 스트링거는 **"사일로가 너무 많아 소통이 불가능했다."**라고 회고하며, 이 경쟁적이고 비효율적인 문화가 소니의 몰락을 초래했음을 인정했습니다.
　결국, 소니는 내부의 불화로 인해 아이팟을 넘어설 기회를 놓쳤고, 한때 업계를 선도했던 기업의 지위는 급격히 흔들리게 되었습니다.

1　자신들의 이익만을 우선시하며, 부서 간 소통과 협업이 단절된 상태 또는 현상.

협업은 생존과 성장의 필수 조건

현대 조직은 다양한 기술과 산업이 융합하여 새로운 것을 창조하는 복잡한 환경 속에 놓여 있습니다. 이러한 시대에 **협업**(和)을 이루지 못하는 것은 곧 쇠퇴를 의미합니다.

- **협업**은 성장과 혁신을 촉진합니다.
- **불화**는 분열을 초래하며 조직의 쇠퇴를 가속화합니다.

성공적인 조직과 프로젝트를 위해서는 구성원들이 서로 소통하며 협력하고, 각자의 역할을 조화롭게 수행하는 문화가 필수적입니다. **"화합하면 생존하고, 불화하면 쇠퇴한다."**

이 간단한 진리는 조직의 성공과 실패를 결정짓는 핵심 원칙입니다.

13. 창의성과 술

술은 창의력에 어떤 영향을 미칠까요?

일리노이 대학 연구 팀의 연구에 따르면, 혈중알코올농도가 0.08% 이하일 때(보통 70kg 성인이 소주 2~3잔 정도 마신 수준), 술을 마신 사람이 창의력이 요구되는 문제를 해결할 때 그렇지 않은 사람보다 약 40% 더 높은 점수를 기록했다고 합니다.

창의성과 술(酒)

이 연구는 적당한 음주가 창의력을 자극하는 데 긍정적인 영향을 줄 수 있음을 시사합니다.

㈜굿아이디어에서도 신선한 아이디어를 도출해야 할 때 음주 회의를 종종 활용했으며, 그러한 회의에서 많은 창의적인 아이디어가 나왔습니다. 만약 창의력이 필요한 상황이라면, 술 한잔을 곁들인 워크숍 형식의 회의를 시도해 보세요. 단, 술을 좋아하지 않는 사람에게 억지로 권하지 않는 것은 지양

해야겠지요?

경험에서 얻은 몇 가지 음주 워크숍 팁을 공유합니다.

- **명확한 과제 설정**: 회의의 주제가 흐려지지 않도록 핵심 과제를 큼직하게 적어 벽에 붙이세요. 이는 논의의 방향성을 유지하는 데 도움이 됩니다.
- **서기는 금주**: 술을 마시지 않는 서기가 회의록을 작성해야 회의 내용을 정확히 기록할 수 있습니다.
- **글로 적어라**: 떠오른 아이디어는 포스트잇에 적어 시각적으로 정리하고, 모두와 공유하세요. 이는 생각을 구체화하고 정리하는 데 매우 효과적입니다.
- **적당히 마셔라**: 혈중알코올농도 0.08% 수준을 유지하세요. 뒤풀이를 고려해 처음부터 과음하지 않도록 주의가 필요합니다.
- **적정 인원 유지**: 참여 인원은 5~7명이 적당합니다. 인원이 적으면 분위기가 썰렁해지고, 많으면 논의가 혼란스러워질 수 있습니다.
- **제대로 된 브레인스토밍**: 브레인스토밍의 효과를 극대화하려면 각자의 생각을 존중하며 자유롭게 표현할 수 있는 분위기를 조성하세요(「창의성 스킬」편에서 더 자세히 다루겠습니다).

장소 선택의 중요성

마지막으로, 음주 회의 장소는 시내의 술집보다는 유원지나 공원 등 한적하고 분위기 있는 장소를 추천합니다. 창의력을 자극하려면 뇌가 자유로워질 수 있는 환경이 필수적이니까요.

14. 창의성만으론
아무 일도 일어나지 않는다!

"인천 앞바다에 사이다가 떠 있어도 고뿌 없이는 못 마셔~~"

고 서영춘 선생님의 이 노래를 들어 본 적이 있을 것입니다. 이 가사는 "창의성만으로는 아무 일도 일어나지 않는다!"라는 이 글의 주제와 딱 맞아떨어집니다.

여기서 '인천 앞바다에 떠 있는 사이다'는 바로 창의성, 즉 아이디어를 뜻합니다.

살다 보면 순간적으로 기발한 아이디어가 떠오르는 경우가 종종 있습니다. 하지만 그 찰나의 아이디어를 적어 두지 않으면, 실행해 보기도 전에 기억 속에서 사라지는 일이 허다합니다.

며칠이 지나 "분명 대박 아이디어가 떠올랐었는데… 뭐였더라?" 하며 후회해 본 적, 누구나 한 번쯤 있을 겁니다. 안타깝게도 그런 아이디어는 다시 떠오를 가능성이 거의 없습니다. 이를 방지하려면 무조건 적는 습관을 길러야 합니다. 버스를 타고 있을 때든, 길을 걸을 때든, 심지어 화장실에 있을 때든 생각이 떠오르는 순간 스마트폰 메모장에 빠르게 기록하세요. 이것이 바로 '적자생존'입니다.(적者生存)

자, 이제 기발한 아이디어를 메모해 두었다고 가정해 봅시다. 그다음 단계는 무엇일까요? 바로 메모해 둔 아이디어를 실제로 활용하는 것입니다.

솔직히 말해, 아이디어는 그 자체로는 아무런 힘도 발휘하지 못합니다. 아이디어는 완성된 산물이 아니라, 그저 하나의 작은 씨앗에 불과하기 때문입니다.

"아이디어가 전체 여정에서 차지하는 비율은 1%에 불과하다."

-스콧 벨스키-

아이디어가 세상에 태어나 결실을 맺기 위해서는 반드시 '기획'과 '실행'이라는 과정을 거쳐야 합니다. 기획(Planning)은 아이디어를 구체화하여 실행 가능한 형태로 만드는 과정이며, 실행(Action)은 기획된 내용을 실제 행동으로 옮기는 단계입니다. 아이디어는 이 두 과정을 통해서만 현실로 나타날 수 있습니다.

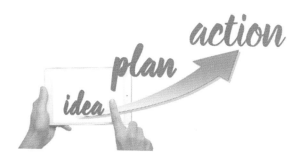

우리가 아무리 수준 높은 창의성 교육을 받았더라도 실무에 별로 도움이 되지 않는 이유는, **기획 단계를 간과했기 때문**입니다.

고 서영춘 선생님의 노래 속 '고뿌'는 기획을, '마시는 행위'는 실행을 뜻합니다. "인천 앞바다에 떠 있는 사이다(아이디어)도 고뿌(기획) 없이는 마실 수 없다(실행)."라는 이치입니다. 이 비유는 아이디어를 현실로 구현하기 위해 기획과 실행이 얼마나 중요한지를 잘 보여 줍니다.

우리는 창의성의 중요성에 대해 수없이 들어 왔습니다. 하지만 창의성에서 기획까지 연결되는 통합적인 교육을 받기는 어려웠습니다. 왜 그럴까요?

우리나라의 교육 시스템은 창의성과 기획을 별개로 분리해 왔습니다. 창의성을 가르치는 분야는 여전히 열악한 반면, 기획 분야는 실무 경험과 전문성을 갖춘 사람들이 활약하고 있습니다. 이로 인해 창의성은 넘치지만 기획력이 부족한 사람, 혹은 기획력이 뛰어나지만 아이디어가 부족한 사람들이 공존하는 불균형한 상황이 연출되고 있습니다.

『The 생각정리 알고리즘』의 약속

이 책은 이러한 '따로국밥' 상황을 완전히 뒤집을 것입니다. 창의(Ideation) 단계에서 시작해, 기획(Planning)과 실행(Action)까지의 전 과정을 체계적으로 제시하며 창의력과 기획력을 동시에 갖춘 인재로 성장할 수 있도록 돕겠습니다.

『The 생각정리 알고리즘』을 통해, 아이디어를 단순히 떠올리는 데 그치지 않고, 기획과 실행을 통해 세상에 실현하는 능력을 키워 보세요. 창의력과 기획력이라는 두 마리 토끼를 한 번에 잡는 새로운 여정이 될 것입니다.

15. 들이대? 서성대?

    수업 시간에 열심히 선생님의 강의를 들었지만, 이해되지 않는 부분이 생겼을 때, 여러분은 어떻게 행동하시나요?

    "쟤는 저것도 모르네."라는 비아냥이 두려워 아무 말도 못 하나요? 아니면 당당하게 손을 들고 "선생님, 질문 있습니다!"라며 의문점을 해결하려 하나요?

    창의성 분야에서 10여 년간 활동하며 느낀 점이 하나 있습니다.
    창의성을 발휘하기 위해 꼭 필요한 마인드가 있다는 사실입니다.

    그게 바로, "마음대로 상상하고 자신 있게 표현하라."입니다.

    창의적인 사람들은 영혼이 자유롭습니다.
    단순히 상상력이 풍부한 것에 그치지 않고, 자신이 떠올린 생각을 표현하는 데에서도 자신감이 넘칩니다. 그들은 자유롭게 상상을 즐기며 항상 밝은 표정을 짓고, 남의 눈치를 보지 않고도 당당히 아이디어를 말합니다.

    생각해 보세요. 창의적인 사람이 풀이 죽어 있는 모습을 본 적이 있나요?

    저는 이러한 자신감 있고 당당한 자세를 '들이대 정신'이라고 부릅니다. 여기서 말하는 '들이대'는 부정적 의미가 아닙니다. **긍정적 의미의 '들이대'** 는 현대를 살아가는 데 필수적인 정신입니다. 아무리 뛰어난 역량을 가졌더라도, **'서성대 정신'**으로는 세상 누구에게도 인정받을 수 없습니다.

수업 시간에 모르는 게 있으면 자신 있게 질문하는 것이 바로 '들이대 정신'입니다. 먼저 다가가 인사를 건네는 행동에도 '들이대 정신'이 깔려 있어야 합니다.

'서성대과' 학생은 강사와 멀리 떨어진 뒷자리를 선호합니다.

반면, '들이대과' 학생은 맨 앞줄, 강사 바로 앞에 앉고, 휴식 시간에 강사가 커피를 마시러 가면 따라가서 함께 커피를 마시며 자연스럽게 통성명을 나눕니다.

여러분은 어떻게 생각하시나요?

'들이대과'와 '서성대과' 중 어느 쪽의 장래가 더 밝아 보이나요?

저는 강의 중 종종 이렇게 농담을 던지곤 합니다.

"나는 첫눈에 반한 여자에게 과감히 대시해서 결혼에 성공했고, 지금도 행복하게 잘 살고 있습니다."

만약 제가 지금의 아내를 보고도 '서성대'로 일관했다면, 지금의 최필장군은 없었을 것입니다.

아무리 뛰어난 능력을 갖추고 있어도, 자신을 제대로 드러내지 않으면 아무도 알아주지 않는 세상입니다. 망설이거나 주저하지 말고, 적극적으로 나를 알리고 기회를 잡아야 더 나은 미래를 보장할 수 있습니다.

'생각정리 알고리즘' 1DAY 캠프의 시작과 끝

'생각정리 알고리즘' 1DAY 캠프에서는 이러한 '들이대 정신'을 되새기기 위해, 특별한 구호로 시작하고 끝을 맺습니다. 그리고 과정 내내 이 구호를 함께 외치며 '들이대 정신'을 마음속 깊이 새깁니다.

- 강사의 선창: ○○○ **"들이대!"**
- 학생들의 후창: **"들이대! 들이대! 들이대!"**

자, 이제 여러분의 선택은 무엇인가요?
'서성대'인가요, 아니면 '들이대'인가요?
여러분의 결단이 여러분의 미래를 바꿀 것입니다.

16. "계획 말고 기획하라!"

'생각정리 알고리즘'은 이 책의 제목일 뿐만 아니라, 6~7시간 동안 진행되는 1DAY 캠프의 이름이기도 한데, 이 프로그램이 추구하는 핵심 사상이 바로 "계획 말고 기획하라!"입니다.

그렇다면, 계획과 기획은 무엇이 다를까요?
아마 대부분은 계획과 기획의 차이에 대해 한 번도 깊이 생각해 본 적이 없을 것입니다. 그래서 이 두 개념을 명확히 구분해 보겠습니다.

계획과 기획의 차이: 예시로 생각하기

만약 상사로부터 어떤 미션을 받았다고 가정해 봅시다.
그 순간 '뭐부터(What) 하지?'라고 생각한다면, 이는 **계획자 마인드**입니다.

반면, 가장 먼저 '왜(Why)?'라는 질문이 떠오른다면, 당신은 **기획자 마인드**를 가진 것입니다.

예를 들면 이런 식입니다.

- "팀장님이 왜 이 과제를 주셨을까?"
- "왜 이런 일이 발생했을까?"
- "CEO께서 이 과제를 맡긴 의도는 무엇일까?"

이처럼, 'What'은 단순히 **"무엇을 할 것인가?"**에 초점을 맞추는 데 불과하지만, 'Why'는 **"왜 이 일을 해야 하는가?"**라는 본질적인 질문에서 출발합니다. 이후 'What', 'How'로 사고가 점차 확장되며 더 높은 수준의 접근 방식을 취하게 됩니다.

또 다른 관점에서 계획과 기획을 영어로 표현해 볼까요?

- **계획 = Plan**
- **기획 = Planning**

차이가 느껴지시나요?

맞습니다. 기획은 **진행형(ing)**입니다. 한 번 생각하고 끝내는 것이 아니라, 지속해서 고민하고 발전시켜 나가는 과정을 뜻합니다. 끊임없이 'Why', 'What', 'How'를 고민하며 해결책을 찾는 사람, 바로 그런 사람이 기획자인 것입니다.

"Plans are nothing, Planning is everything."

-드와이트 아이젠하워-

이 명언은 2차 세계대전 당시, 노르망디 상륙작전을 지휘했던 아이젠하워 사령관의 말입니다. 변화무쌍한 전장에서는 잘 짜인 계획(Plan)보다, 상황에 맞춰 지속적으로 생각하고 대응하는 기획(Planning)이 훨씬 중요하다는 점을 의미합니다.

그리고 기획(Planning)의 결과물이 바로 계획(Plan)입니다.

독자 여러분, 계획 말고 기획하세요! 씽커플래너(ThinkerPlanner)[2]로 살아가십시오! 창의적이고 유연한 사고, 끊임없는 기획을 통해 목표를 현실로 바꾸는 사람이 되십시오. 그리하여 계획이 아닌 기획으로, 변화를 이끄는 주체가 되길 바랍니다!

자, 이제 마음의 준비가 되었을 것입니다. **씽커플래너**가 되기 위한 본 게임으로 들어가 보도록 합시다.

---

2 사고력, 기획력, 문제 해결력 향상을 위해 만들어진 ㈜굿아이디어의 메인 프로그램이자 공식 브랜드 명으로 '전략적 기획자'란 의미를 내포하고 있음.

2장

창의성 스킬

창의성은 천재들만의 전유물이 아닙니다.

연구에 따르면, IQ 120 이상부터는 창의성과 지능 간의 상관관계가 사라진다고 합니다. 즉, 창의성은 타고난 천재성에 의존하지 않고, 훈련과 방법론을 통해 충분히 개발될 수 있다는 뜻입니다.

창의성 스킬을 제대로 활용하면,

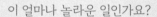

여러분도 자신의 창의적 잠재력을 극대화할 수 있습니다.

이 얼마나 놀라운 일인가요?

사실, 여러분은 이미 여러 가지 창의성 스킬을 배웠을지도 모릅니다. 하지만 그 스킬의 가치를 인식하지 못했거나, 익숙하지 않다는 이유로 제대로 활용하지 못했을 가능성이 높습니다.

이 장에서는 강력한 창의성 스킬의 원리를 이해하고, 그 도구들을 실질적으로 활용하는 방법을 알려 드리겠습니다.

자, 준비되셨나요?

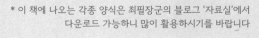

* 이 책에 나오는 각종 양식은 최필장군의 블로그 '자료실'에서
다운로드 가능하니 많이 활용하시기를 바랍니다

1. 창의에도 기술이 필요하다?

공부를 잘하는 학생이나 업무 능력이 뛰어난 직장인은 그렇지 못한 사람들과 무엇이 다를까요?

많은 사람이 가장 먼저 "지능이 높겠지."라고 답할 것입니다. 물론 높은 지능은 유리한 점이 많습니다. 그러나 그것이 전부는 아닙니다.

때로는 지능이 높아 보이지만 일머리나 공부머리가 부족한 사람도 있고, 반대로 특별히 지능이 높아 보이지 않아도 업무나 학업에서 탁월한 성과를 내는 사람도 있습니다. 이 차이를 어떻게 설명할 수 있을까요?

사실, 비슷한 역량을 가진 사람이라도 일하는 방식과 문제를 해결하는 접근법에 따라 결과는 극명하게 달라집니다. 이는 마치 땅을 파는 방법과도 같습니다. 어떤 사람은 손으로, 또 어떤 사람은 삽으로, 또 다른 사람은 굴삭기를 사용해 단 몇 번의 동작만으로 엄청난 작업을 해냅니다. 창의성의 세계에서도 마찬가지입니다. 누군가는 끊임없는 시도와 실패 속에서 답을 찾고, 또 누군가는 효율적인 도구를 사용하여 훨씬 신속하게 문제를 해결합니다.

이 차이는 바로 창의성을 극대화할 수 있는 도구, 즉 **창의성 스킬**에서 비롯됩니다. 세상에는 이러한 도구들이 약 300여 종이나 존재한다고 합니다. 창의성 스킬은 인간이 더 창의적으로 생각하고 행동할 수 있도록 개발된 체계적인 방법론입니다. 이를 통해 누구나 창의적인 생각을 꺼내어 사용할 수 있게 됩니다.

여러분도 창의성을 높이고 싶다면 몇 가지 스킬을 반드시 익혀 두세요. 이 스킬들을 익히는 순간, 단순한 아이디어가 창의적인 솔루션으로 바뀌는 것을 직접 경험하게 될 것입니다.

도구를 사용하는 순간, 당신은 더 창의적인 사람이 될 수 있습니다.

수많은 창의성 스킬이 존재하지만, 모든 스킬이 유용한 것은 아닙니다. 일상에서 자주, 유용하게 사용할 수 있는 도구는 사실 몇 가지에 불과합니다. 그렇다면 진정한 창의성 스킬은 어떤 조건을 갖춰야 할까요? 다음 세 가지 기준을 소개합니다.

첫 번째 조건: 쉬워야 한다.

어떤 창의성 스킬은 배우는 데 많은 시간과 노력이 필요합니다. 그러나 창의성 스킬은 사람을 더 편하게 하고 문제를 더 효과적으로 해결하게 하는 도구입니다. 만약 스킬 자체가 복잡하고 어려운 구조를 가지고 있다면, 그것은 모순입니다. 쉽게 배우고, 쉽게 사용할 수 있는 것이야말로 진정한 창의성 도구입니다.

두 번째 조건: 재미있어야 한다.

사람들은 재미없는 것에 오랫동안 몰입할 수 없습니다. 창의성은 억지로 끌어낼 수 있는 것이 아니며, 흥미와 재미가 없다면 결국 사용하지 않게 됩니다. 창의성 스킬은 사람들이 즐겁게 사용할 수 있는 형태여야만 지속적으로 활용될 수 있습니다.

세 번째 조건: 실용적이어야 한다.

실무에 활용할 수 없다면 배우는 의미가 없습니다. 예를 들어, 창의성 스킬 중 하나인 '여섯 색깔 사고 모자 기법'은 다양한 사고방식을 유도하는 기법입니다. 하지만 이 기법은 복잡하고 번거로워 실제로 사용하는 조직이 거의 없습니다. 창의성 스킬은 실질적으로 적용 가능하고 실용적이어야만 그 가치를 발휘할 수 있습니다.

창의성 스킬을 적극 활용하라

이번 장에서는 제가 직접 경험하고 검증한 창의성 스킬 중 위의 세 가지 요건을 모두 충족하는 스킬을 엄선하여 소개합니다.

이 스킬들을 잘 배우고 실전에 적용한다면, 여러분은 단순히 창의적인 아이디어를 떠올리는 것을 넘어, 그것을 실질적인 결과물로 연결할 수 있는 능력을 갖추게 될 것입니다.

자, 준비되셨나요?
지금부터 여러분의 창의성을 극대화하기 위한 실질적이고 흥미로운 여정을 시작해 보겠습니다. 함께 나아가 봅시다!

 # 2. Brainstorming

브레인스토밍은 창의성 스킬 중에서도 가장 널리 알려진 기법으로, 광고업자 알렉스 오즈번(Alex Osborn)에 의해 창안되었습니다. 하지만 이 익숙한 단어와 달리, 실제로 이를 올바르게 이해하고 활용하는 사람은 많지 않습니다.

창의성 캠프에서 학생들과 직장인을 대상으로 브레인스토밍을 진행해 보면, 정작 그 본질을 제대로 이해하지 못하는 경우를 자주 목격하게 됩니다. 단순히 단어를 알고 있다고 해서 그 의미와 방법까지 숙지했다고 생각하는 것은 큰 오산입니다. 그래서 이번 기회에 브레인스토밍의 원리와 실행 방식을 명확히 정리해 보려 합니다.

브레인스토밍의 어원

Brain	+	Storm	+	ing
(뇌에		폭풍이		몰아치고 있다.)

오즈번이 '브레인스토밍'이라는 이름을 붙인 이유는 뇌 속에서 폭풍이 몰아치는 듯한 상태를 유도해, 일상적인 사고의 틀을 벗어나 자유롭고 기발한 아이디어를 발산할 수 있도록 하기 위함입니다. 이러한 비정형적이고 탈일상적인 사고방식이 더 창의적인 아이디어를 끌어낼 수 있다고 본 것이죠. 이는 술이나 자유로운 환경이 창의성에 긍정적인 영향을 미치는 현상과도 일맥상통한다고 볼 수 있습니다.

브레인스토밍의 원리:
의견을 내는 시간, 비판하는 시간을 분리하라

브레인스토밍을 제대로 수행하기 위해서는 원리를 알아야 합니다.

브레인스토밍 중 한 사람이 의견을 제시하면 그 즉시 다른 사람이 비판하거나 태클을 거는 경우가 흔히 발생합니다. 특히 자신을 똑똑하다고 생각하는 사람일수록 이러한 경향이 강합니다. 이런 상황에서는 의견을 제시한 사람이 심리적으로 위축되고, 점차 팀 내에서 입을 다물게 되는 **'학습된 무기력'** 현상이 발생하게 됩니다.

브레인스토밍의 핵심은 자유롭고 제약 없는 아이디어 발산입니다.

보통의 회의

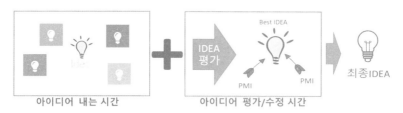

아이디어 내는 시간　　　아이디어 평가/수정 시간

이는 모든 의견이 비판 없이 존중받고 자유롭게 표현될 수 있는 환경을 의미합니다. 모든 팀장님이 이 원리를 이해하고 실천에 옮긴다면, 조직의 창의성은 크게 향상되고 팀 분위기는 더욱 긍정적으로 바뀔 것입니다.

브레인스토밍 4대 규칙

1. 비판 금지　　　　2. 헛소리 OK
3. 컨닝 OK　　　　3. 질 < 양

비판 금지: 의견을 내는 시간과 비판하는 시간을 철저히 분리하는 것이 브레인스토밍의 핵심 원칙입니다. 비판은 말로만 이루어지는 것이 아닙니다. 부정적인 표정, 딴청을 부리거나 집중하지 않는 행위 모두 아이디어 발산을 저해하는 비판으로 간주할 수 있습니다. 이러한 행동은 팀 전체의 창의성을 떨어뜨리니 반드시 자제해야 합니다.

헛소리 OK: 브레인스토밍은 '제정신이 아닌' 상태에서 자유롭게 아이디어를 발산하는 과정입니다. 헛소리조차도 허용되는 팀 분위기를 조성하는 것이 중요합니다. 이는 기발한 아이디어가 예상치 못한 곳에서 발현될 수 있음을 뜻합니다. 엉뚱하거나 비현실적으로 보이는 아이디어도 비판 없이 받아들여야 새로운 관점과 혁신적인 해결책이 탄생할 수 있기 때문입니다. 창의성은 개인의 능력에서 비롯되지만, 그것이 자유분방한 조직문화 속에서 발휘될 때 비로소 빛을 발합니다. 이를 통해 팀원들은 부담감 없이 생각의 틀을 깨고 자유롭게 의견을 제시할 수 있습니다.

커닝 OK: 브레인스토밍의 핵심 원리 중 하나는 다른 사람의 아이디어에서 영감을 얻고 이를 발전시키는 것입니다. 이를 위해 자유롭게 의견을 공유하고, 팀원들이 힌트를 얻을 수 있도록 목소리를 높여 활발히 소통하는 것이 중요합니다.

질보다 양: 최고의 아이디어는 많은 아이디어에서 나옵니다. 가능한 한 많은 아이디어를 끌어내는 데 집중하세요.

"최고의 아이디어는 많은 아이디어다."

4대 규칙의 간단한 해결책: 칭찬과 격려

브레인스토밍을 진행할 때 네 가지 규칙을 모두 완벽히 준수하기란 쉬운 일이 아닙니다.

하지만 간단한 해결책이 있습니다. 바로 **칭찬과 격려**입니다. 아이디어를 낸 사람에게 칭찬하고, 손뼉을 쳐 주는 것만으로도 팀 내 긍정적인 에너지를 만들어 내며, 4대 규칙을 자연스럽게 이행할 수 있도록 도와줍니다.

칭찬과 격려로 긍정적인 분위기를 형성하면, 아이디어 발산을 극대화할 수 있습니다. 만약 브레인스토밍 중 아이디어가 고갈되는 순간이 온다면, 망설이지 말고 서로에게 힘찬 응원의 박수를 보내 보세요. 이러한 격려는 새로운 아이디어가 자연스럽게 솟아 오르게 만드는 원동력이 될 것입니다.

브레인스토밍을 할 때의 마음가짐

아이디어는 아이디어일 뿐 내가 만들거나 지키지 않는다.

'강 건너 불구경하듯' 하라!

연구 결과에 따르면, 자신의 문제보다는 남의 문제를 해결하기 위해 브레인스토밍을 할 때 더 창의적인 아이디어가 나온다고 합니다. 게다가 아이디어를 내가 실행해야 할 이유도 없습니다.

따라서 브레인스토밍을 할 때는 심리적 부담을 내려놓고, 강 건너 불구경 하듯 자유롭게 참여하세요. 이것이 창의성을 극대화하는 비결입니다.

브레인스토밍 진행 방법

브레인스토밍 중에 나온 모든 의견과 아이디어는 반드시 서기가 꼼꼼히 기록하여 팀원들과 실시간으로 공유해야 합니다. 아이디어가 충분히 모이면 비슷한 아이디어를 묶어 정리하고, 더 구체적인 논의가 필요한 주제가 있다면 추가로 브레인스토밍을 진행해 깊이 있는 토의를 이어 가세요.

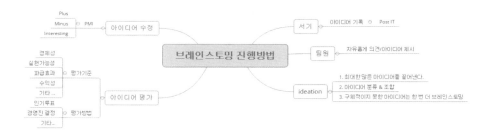

아이디어가 충분히 도출되었다면, 이제 **'아이디어 평가'** 단계로 넘어갈 차례입니다. 이때 가장 중요한 것은 **평가 기준**(항목)을 설정하는 것입니다. 평가 기준은 팀원들과 함께 브레인스토밍을 통해 합의하여 만들어야 합니다. 이를 통해 모든 팀원이 평가 과정에 공감하고, 아이디어 선택 과정이 더욱 객관적이고 효과적으로 진행될 수 있습니다.

평가 방법으로는 다음 세 가지를 고려할 수 있습니다.

① 평가 기준별 점수를 다르게 부여한 후, 합산 점수로 최종 아이디어 결정하기

② 평가 기준별 우선순위를 설정한 후, 단계별 평가를 통해 최종 아이디어 선

최종 아이디어가 결정되었다면, 그다음 단계는 무엇일까요? 바로 실행에 옮기는 것일까요?

절대 그렇지 않습니다. 실행에 앞서 반드시 '아이디어 수정' 과정을 거쳐 야 합니다. 이 과정은 브레인스토밍의 핵심 절차 중 하나로, 초기 단계에서 도출된 아이디어를 더욱 정교하고 실행 가능한 형태로 다듬는 작업입니다.

아이디어 수정 과정을 생략한다면, 아무리 훌륭한 아이디어도 실행 단계 에서 예상치 못한 문제에 봉착하거나 효과를 제대로 발휘하지 못할 가능성 이 큽니다. 따라서 아이디어 수정은 브레인스토밍의 성과를 극대화하기 위 한 필수 단계입니다.

아이디어 수정의 구체적인 방법은 이번 장의 후반부에서 상세히 다루도록 하겠습니다.

픽사의 Brain Trust: 브레인스토밍의 끝판왕

픽사는 토론을 통해 아이디어를 교환하고 문제를 해결하는 '브레인트러스트 (Brain Trust)'라는 특별한 회의 시스템을 보유하고 있습니다. 이 회의 시스템은 「토이 스토리」를 제작할 당시 핵심 인물 다섯 명이 의견을 교환하는 과정에서 자연스럽게 만들어졌으며, 지금의 픽사를 있게 한 브레인스토밍 문화를 대표 합니다.

작품 감독이 주관하는 이 회의에 참여하는 모든 사람은 계급장 없이 평등한

신분으로 대우받습니다. 따라서 누구도 지시할 권한이 없으며, 누구도 따라야 할 의무가 없습니다. 수용 여부는 오로지 감독이 결정할 뿐이지요. 상명하복의 잔재가 남아 있는 문화 속에서 이러한 회의 방식은 특히 우리가 본받아야 할 점입니다.

브레인트러스트의 핵심은 **'솔직함'**입니다. 솔직함이란 눈치를 보지 않으면서도 모든 의견을 자유롭게 허용하는 것을 의미합니다. 이 과정에서 어떠한 인신공격도 허용되지 않으며, 상호 존중에 기반한 솔직한 비평이 이루어집니다. 이러한 문화는 서로 간의 신뢰를 쌓고, 모든 참가자를 동료로 인식하게 만듭니다.

픽사와 월트디즈니 애니메이션의 회장인 에드 캣멀은 저서 『창의성을 지휘하라』에서, 이 혁신적인 회의 문화야말로 공동의 목표를 달성하기 위해 존재하며 오늘날의 픽사를 있게 한 원동력이라고 강조합니다.

회의는 모든 조직 활동의 시작이자 끝입니다. 그렇기에 브레인스토밍은 단순히 아이디어를 도출하는 도구에 그쳐서는 안 됩니다. 이는 창의적인 조직문화를 구축하고, 협업과 혁신을 촉진하는 가장 강력한 수단으로 활용될 수 있습니다.

여러분의 조직에서도 픽사의 Brain Trust와 같은 품격 있고 효과적인 회의 문화를 만들어 보세요. 이는 조직 구성원들의 창의성과 협력의 시너지를 극대화하여, 더 나은 성과와 긍정적인 팀 분위기를 끌어낼 것입니다.

3. 일상 속 기회 발견: 오픈 스페이스

창의성(NEW)의 반대말이 무엇일까요?

많은 사람이 'OLD'라고 답할지 모르지만, 1장에서 저는 '무관심'이라고 말했습니다.

스티브 잡스는 **"사람들은 직접 보여 주기 전까지 자신이 무엇을 원하는지 모른다"**라고 했습니다. 사람들 대부분은 뭔가를 눈으로 봐야 "아, 맞네!" 하며 관심을 가지기 시작합니다. 이러한 행동 패턴은 일반적인 사람들의 방식입니다. 그러나 혁신가는 다릅니다. 이들은 주변에서 일어나는 현상에 더 깊은 '관심'을 가지며, 문제를 더 빨리 인식하고 이를 기회로 연결합니다.

문제를 먼저 인식한다는 것, 곧 기회를 먼저 포착하는 것입니다.
남들이 인지하지 못한 문제나 불편함, 아이디어, 희망 사항 등을 앞서 발견하고 해결하면, 그것이 곧 창업 아이템이나 아이디어 상품으로 이어지고, 더 나아가 수익의 기회로 전환됩니다.

디자인 씽킹(Design Thinking)의 5단계(공감 → 문제 정의 → 아이디어 도출 → 프로토타이핑 → 테스트) 역시 문제 정의와 공감에서 출발하는 이유가 여기에 있습니다.

우리가 수행하는 모든 프로젝트나 과제는 결국 인간의 욕구를 충족시키기 위한 것입니다. 이러한 욕구를 먼저 발견하는 사람이 바로 기회를 선점하는 사람입니다.

기회는 곳곳에 널려 있지만, 우리가 그것을 인식하지 못했을 뿐입니다. 그렇다면, 혁신가처럼 잠재된 기회를 발견하려면 어떻게 해야 할까요?

이 장에서는 세상에 드러나지 않은 다양한 이슈를 효과적으로 끌어내고 공유하는 방법으로 **오픈 스페이스**(Open Space)를 소개합니다.

오픈 스페이스(Open Space)

'오픈 스페이스'라는 용어가 다소 생소하게 들릴 수 있습니다. 이는 기획이나 창의성 강의에서 **'문제 인식'의 중요성**이 충분히 강조되지 않는 경우가 많기 때문입니다.

대부분의 문제 해결(기획, 생각정리, 창의성 등) 강사들은 자신이 주로 사용하는 기법에 초점을 맞추는 경향이 있습니다. 그러나 이러한 접근은 가장 중요한 초기 단계인 '문제 인식'을 간과하게 만듭니다.

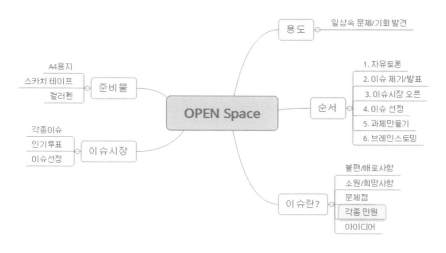

문제 인식은 모든 창의적 활동과 문제 해결의 출발점입니다. 오픈 스페이스는 이러한 문제 인식의 중요성을 깨닫고, 이를 효과적으로 다루는 방법을 제공합니다.

오픈 스페이스 진행 방법

오픈 스페이스는 동료들의 다양한 생각을 허심탄회하게 공유하며 문제를 인식하는 과정을 말합니다. 같은 환경에 처한 사람들 간에는 비슷한 생각이 나올 가능성이 크기 때문에, 다양한 배경을 가진 사람들로 구성하면 더 좋은 결과를 얻을 수 있습니다.

① **팀 구성 및 토론 시작**: 적절한 인원으로 팀을 구성한 뒤, 조직 또는 주제와 관련된 이슈를 자유롭게 토론합니다. 서로의 의견을 들으며, 그동안 생각하지 못했거나 잊고 있던 이슈들이 떠오를 것입니다.

② **이슈 발표**: 각 팀원은 자신이 생각하는 가장 '핫(hot)'한 이슈를 종이에 적고 돌아가며 발표합니다.

③ **이슈 전시 및 공유**: 발표한 이슈들을 벽에 붙이고, 팀원들과 함께 공유합니다. 이후 공감 가는 이슈에 스티커를 붙이거나 별표를 표시하며 인기투표를 진행합니다.

④ **과제 설정 및 브레인스토밍 시작**: 팀별로 가장 관심 있는 이슈를 결정하고, 이를 과제로 설정한 뒤 브레인스토밍을 진행합니다.

다음 사진은 모 고등학교 학생들과의 오픈 스페이스에서 있었던 이슈 선정 과정의 일부입니다.

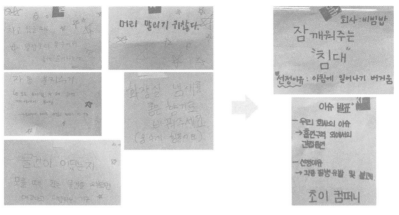

<이슈시장/인기투표>　　　　　<이슈선정 결과>

　이 과정에서 학생들은 서로의 생각을 공유하며, 중요한 이슈를 발견하고
선정하는 과정을 경험했습니다. 이러한 활동은 학생들에게 **문제 인식의 중
요성**을 체감하게 하고, 창의적인 해결책을 모색하는 출발점이 됩니다.

★ TIP 1: 과제 만들기

① **명확한 과제 설정:** 과제는 방향성을 제공합니다. 명확한 과제 없이 브레인스토
　밍을 시작하는 것은 목표 없이 헤매는 것과 같습니다.
② **이슈의 과제화:** 오픈 스페이스에서 선정된 관심사(이슈)는 과제가 아닙니다. 선
　택된 이슈를 구체적인 '과제'로 변환한 뒤 브레인스토밍을 진행해야 합니다.
③ **과제 유형**
　• **명사형 과제:** '새로운 제품 개발'처럼 명사형으로 설정됩니다.
　• **동사형 과제:** **'어떻게 하면 ○○○을 ~할 수 있을까?'**처럼 동사형으로 설정합
　　니다. 특히 **'어떻게 하면(How to~)'**을 앞에 붙이는 것이 핵심입니다.

★ TIP 2: 개인은 어떻게 창의적일 수 있는가?

기회란 절대 마음이 없는(Mindless) 자에게 모습을 드러내지 않습니다.
　　• **관심을 가지고 관찰하라:** 창의성은 '관심'에서 시작됩니다. 주변에서 일어나

는 다양한 이슈에 관심을 기울이세요. 관심은 관찰로 이어지고, 관찰에서 얻은 정보는 창의적인 재료가 됩니다.

- **기록의 습관**: 발견한 이슈를 기록하는 습관을 들이세요. 그러면 자연스럽게 기회를 발견할 수 있을 것입니다.

세상에는 이미 드러난 문제도 많지만, 아직 드러나지 않은 문제가 훨씬 더 많습니다. 다양한 사람들의 생각이 모일 때 강력한 시너지가 창출되므로, 조직 내에서 주기적으로 오픈 스페이스를 실행한다면 기대 이상의 성과를 얻을 수 있을 것입니다.

 # 4. 천재 따라잡기 1: 강제 연결법

강제 연결법은 일본 최대 IT 투자 기업 소프트뱅크의 창업자인 손정의 회장이 활용한 창의성 스킬로, 기존 사고의 틀을 깨고 새로운 아이디어를 발굴하는 데 매우 효과적입니다.

손정의 회장은 대학생 시절 학비 마련을 위해 기발한 상품을 발명하기로 결심했습니다. 그는 **300개의 단어 카드를 상자에 넣고 매일 3장의 카드를 무작위로 뽑아 강제로 조합하는 방식**으로 아이디어를 창출했습니다. 이 과정에서 그는 휴대용 '음성자동번역기'라는 혁신적인 발명품을 떠올렸고, 이를 일본 샤프전자에 **1억 엔**(약 10억 원)에 판매해 소프트뱅크 설립 자금을 마련할 수 있었습니다.

이후 손정의 회장은 '미래에 배팅한 남자'로 불리며, 2017년 7월에 **1000억 달러 규모의 비전펀드**를 조성해 차세대 핵심 사업에 투자하며 창의적 경영을 이어 가고 있습니다.

손정의 회장은 타고난 천재로 평가되지만, 기발한 아이디어가 필요한 순간에는 특별한 도구(스킬)를 사용했습니다. 이 스킬은 아무런 연관성이 없는 세 개의 단어를 강제로 연결해 새로운 아이디어를 창출하는 방식입니다. 기존 사고의 틀에서 벗어나지 못할 때 매우 효과적인 이 기법은, 새로운 관점을 끌어내며 누구나 창의성을 발휘할 수 있도록 도와줍니다.

강제 연결법의 원리

손정의 회장은 비범한 재능을 지닌 천재로 평가받지만, 기발한 아이디어가 필요할 때는 **특별한 도구**(스킬)를 적극적으로 활용했습니다. 이 스킬은 **연관성이 없는 세 개의 단어를 강제로 연결해** 새로운 아이디어를 만들어 내는 방식입니다. 특히, **기존 사고의 틀에서 벗어나지 못할 때** 매우 유용하며, 새로운 관점을 열어 줌으로써 **누구나 창의성을 발휘할 수 있도록 돕는 강력한 방법**입니다.

강제 연결법은 3장에서 소개할 '생각정리 알고리즘'의 '생각 끌어내기' 핵심 스킬 세 가지 중 하나이기도 합니다.

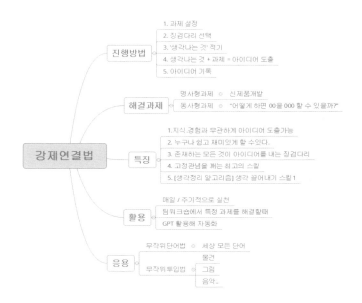

강제 연결법 진행 방법

① 과제를 선정한다.

② **징검다리**(임의의 단어)를 선택한다.

③ 징검다리에서 **'생각나는 것'**을 적는다.

④ 생각나는 것과 과제를 강제로 연결해 아이디어를 도출한다.

⑤ 아이디어를 기록한다.

강제 연결법 예시 1(명사형 과제)

① **과제 선정**: 모자

② **징검다리 선택**: 당나귀(징검다리는 무작위로 선택한다)

③ **징검다리로부터 '생각나는 것' 적기**: 당나귀를 떠올리며, 자유롭게 생각나는 것들을 적어 봅니다. 머리를 쥐어짜지 않고, 떠오르는 생각을 편안하게 적는 게 중요합니다.

- 짐을 나른다.
- 임금님 귀는 당나귀 귀~
- 소리를 잘 듣는다.
- 털이 있다.
- 눈이 반짝거린다.

④ **생각나는 것과 과제를 연결해 아이디어 도출하기**: 핵심은 강제로 연결하여 아이디어를 끌어내는 데 있습니다. 이 연결 과정은 새로운 아이디어를 떠올리기 위한 힌트를 얻는 단계입니다. 과제와 전혀 관련 없어 보이는 '당나귀'에서 떠오른 것들을 끌어내고, 이를 과제와 강제로 연결함으로써 신선한 아이디어의 단서를 찾아내는 것이 바로 강제 연결법의 원리입니다.

- 짐을 나른다 + 모자?
- 임금님 귀 당나귀 귀 + 모자?
- 소리를 잘 듣는다 + 모자?
- 털이 있다 + 모자?
- 눈이 반짝거린다 + 모자?

| 징검다리: __당나귀__ | 과제: __모자__ | [20   년   월   일] |

생각나는 것	아이디어
짐을 나른다.	물건 나를 때 가방으로도 쓸 수 있는 모자
임금님 귀는 당나귀 귀~	확성기 기능이 있는 모자
소리를 잘 듣는다.	골전도 기능을 탑재한 보청기 모자
털이 있다.	가발 모자 , 귀마개 모자
눈이 반짝거린다.	안경이나 썬그라스를 탈/부착 가능한 모자

Designed by Gonildica Corp.   ThinkerPlanner Type2 Sheet

★ TIP 1: 강제 연결법의 효과를 높이려면

왼쪽에 ① 먼저 **'생각나는 것'**을 충분히 채운 후 ② 그다음에 오른쪽의 '아이디어' 항목으로 넘어가는 것이 효율적인 결과를 얻는 데 유리합니다.

간혹 특정 아이디어를 미리 염두에 두고 이에 맞춰 '생각나는 것'을 적는 경우가 있습니다. 그러나 이는 뇌가 특정 아이디어에 집착하게 만들어 창의적 발상을 저해할 수 있으므로, 올바른 진행 순서를 지키는 것이 필수적입니다.

★ TIP 2: 징검다리는 어디서 가져올까?

세상의 모든 것이 징검다리가 될 수 있습니다.

예를 들어, 사전에서 무작위로 선택한 단어를 활용하거나(무작위 단어법) 물건, 그림, 음악 등을 활용할 수도 있습니다(무작위 투입법). 즉, 세상 모든 것이 창의성을 자극하는 재료, 곧 징검다리가 될 수 있습니다.

72   2장 창의성 스킬

강제 연결법 예시 2(동사형 과제)

① **동사형 과제**: "어떻게 하면 식당 매출을 증대시킬 수 있을까?"

② **징검다리 선택**: 거북이

③ **징검다리에서 생각나는 것들 적기**:

- 느리다.
- 알을 낳는다.
- 용왕님
- 토끼와 경주한다.
- 집을 들고 다닌다.
- 위급하면 숨는다.
- 장수한다.

④ **강제로 연결해 아이디어 도출**: 징검다리와 과제를 연결하며 새로운 아이디어를 창출합니다.

징검다리: ___거북이___   과제: ___식당매출 증대___   [2019 년 10월 9 일]

생각나는 것	아이디어
느리다. 집을 들고 다닌다. 알을 낳는다. 위급하면 숨는다. 용왕님 장수한다. 토끼와 경주한다.	늦게 문 열어서 저녁/새벽에 퇴근하는 야근자 전문식당으로 운영한다. 전화하면 원하는 곳으로 달려가는 이동형 식당 친구 데리고 오는 손님은 (친구들 모르게)그날 공짜! 신용불량자도 외상 해주는 식당 아쿠아리움 컨셉의 용궁식당으로 리모델링한다. 기본 100살까지 살 수있는 건강식 메뉴로 승부한다. 매일 저녁 9시에 손님들끼리 술 많이 마시기 시합을 벌인다. 1등 손님 대리비 지원

※ 노트 양식은 최필장군 블로그 '자료실'에서 다운로드 가능합니다.

★ **TIP 3: 아이디어의 수준을 높이기 위한 조언**

아이디어 회의 중 기발한 아이디어가 떠올랐지만 그 시점에서 멈추는 경우가 많습니다. 다음 예시처럼.

하지만 여기서 멈추지 말고, 아이디어를 더욱 발전시키는 노력을 기울여 보세요. 꼬리에 꼬리를 무는 질문을 던지며, 아이디어를 한 단계 더 확장하고 구체화하는 습관을 들이는 것이 중요합니다.

"어떻게 하면 우산처럼 사용할 수 있을까?"
"재질은 어떤 게 좋을까?"
"크기도 조절 가능하면 좋겠지?"

실생활에서 강제 연결법 활용하기

- 손정의 회장처럼 매일 꾸준히 강제 연결법을 연습해 보세요. 꾸준함은 창의성을 키우는 가장 강력한 방법입니다.
- 워크숍 등 특별한 자리에서 특정 과제를 설정한 뒤 강제 연결법을 적용해 보세요. 예상치 못한 놀라운 결과를 경험할 수 있을 것입니다.
- AI 도구를 활용하는 것도 효과적입니다. 예를 들어, ChatGPT와 같은 AI를 사용해 아이디어를 발전시키고 새로운 가능성을 탐구해 보세요. (아래 그림 참조)

창의성스킬 '강제연결법'에 대한 설명이야.

#순서#
1. 과제를 선정한다.
2. 임의의 징검다리(단어)를 선택한다. 생각나는 것을 10개 적어본다.
3. 징검다리를 통해 ' 생각나는 것 ' 을 적는다.
4. 과제와 ' 생각나는 것 ' 을 연결하여 아이디어를 끌어낸다. 현실적이지않아도 상관없다.

#예시#
- 과제 : 세상에 없던 시계
- 징검다리 : 나비
- 생각나는 것 : 아이디어
 1) 수명이 짧다 : 일회용 시계
 2) 여러 가지 색상 : 온도에 따라 색상이 변하는 시계
 3) 꽃 향을 좋아한다. : 향이 나는 시계
 4) 더듬이가 있다. : 속도/알코올 감지센터 탑재한 시계
 5) 독이 있다. : 신경마비 가스가 분사되는 치한 퇴치용 시계

이제 내가 다른 과제를 줄테니 강제연결법을 활용해 세상에 없는 아이디어를 끌어내봐.

#미션#
- 과제 : 모자
- 징검다리 : 잠자리

그렇습니다!

이렇게 짜둔 프롬프트는 반복적으로 사용할 수 있는 강력한 템플릿이 됩니다. 매번 '과제'와 '징검다리'만 적절히 바꿔 입력하면 ChatGPT에게 다양한 문제를 해결하도록 요청할 수 있습니다. 이를 통해 아이디어를 빠르게 생성하거나 기존 아이디어를 발전시키는 데 큰 도움을 받을 수 있을 것입니다.

 # 5. 천재 따라잡기 2: 역발상(역전법)

대부분의 사람은 주변에서 일어나는 일이나 현상에 자연스럽게 순응하며 살아갑니다. 마치 조물주가 그렇게 프로그래밍해 놓은 것처럼, 무의식적으로 적응하는 것이 일반적인 반응입니다.

보통 사람들의 반응(적응/순응): 현상을 그대로 받아들이고 문제를 해결하려는 시도 없이 현실에 적응합니다.

- 양말 한쪽에 구멍이 나면? → 양쪽 모두 버린다.
- 자전거 헬멧이 휴대하기 불편하면? → 불편하더라도 그냥 쓴다.
- 운동 중 땀이 눈에 들어가 따갑다면? → 참거나 손으로 땀을 닦는다.

반면, **역발상의 기질이 강한 천재**들은 순응보다는 의심을 택합니다. 이들은 "왜 꼭 그래야 하지? 더 좋은 방법은 없을까?"라고 스스로 질문하며, 현실에 끊임없이 의문을 제기합니다. 그러나 이들의 태도는 부정적인 사고에서 비롯된 것이 아니라, 더 나은 가능성을 탐구하려는 긍정적인 접근법에서 시작됩니다.

역발상의 천재들(의심하고 탐구함): 현실에 의문을 던지고 창의적인 해결책을 모색합니다.

- 양말 한쪽이 구멍이 난다면? → 아예 짝짝이 양말을 만들어 보면 어떨까?
- 자전거 헬멧이 휴대하기 불편하다면? → 접을 수 있는 헬멧을 만들면 어떨까?
- 운동 중 땀이 눈에 들어가 따갑다면? → 땀 흡수 전용 밴드를 만들어 볼까?

이 책의 서두에서 천재들의 공통된 특징 중 하나로 '**역발상적 사고능력**'을 언급한 바 있습니다. 그렇다면, 이러한 역발상 능력은 타고난 것일까요, 아니면 훈련을 통해 습득할 수 있는 걸까요?

손정의 회장이 매일 단어 카드를 강제로 연결해 기발한 아이디어를 도출했던 것처럼, **역발상** 역시 특정 기법을 통해 훈련할 수 있습니다. 이번에 소개할 '역전법'은 바로 그러한 기법으로, 천재들이 알았다면 아마 그들의 업적을 훨씬 더 크게 발전시켰을지도 모를 강력한 방법입니다.

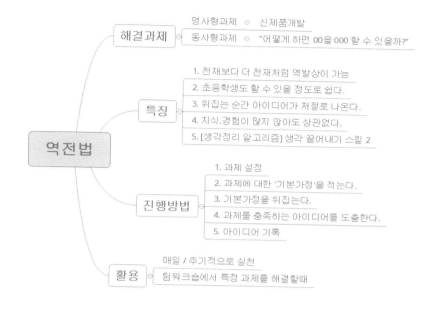

역전법의 특징

'역전법'은 기존 사고의 틀을 깨고 새로운 시각으로 세상을 바라볼 수 있도록 돕는 강력한 기법입니다. 이 방법은 특별한 지식이나 경험이 없어도 적용할 수 있어, 초등학생조차 쉽게 시도할 수 있습니다. 역발상 노트를 채워가며 이 기법을 활용하다 보면, 자연스럽게 기발한 아이디어를 떠올리게 됩니다. 특히 '생각정리 알고리즘'에서 강조하는 '생각 끌어내기' 핵심 방법 세 가지 중 하나이기도 합니다.

역전법 진행 방법

① 과제를 선정한다.

② 과제에 대한 '기본 가정'을 적는다(이때 기본 가정은 명사형이 아니라 동사형으로 적어 준다).

③ 기본 가정을 모두 뒤집는다.

④ 뒤집은 기본 가정을 활용해 과제를 충족시킬 수 있는 아이디어를 찾는다.

⑤ 아이디어를 기록한다.

★ TIP 1: '기본 가정'이란?

'기본 가정'은 특정 과제에 대해 일반적으로 떠오르는 상식적인 정의나 특징을 말합니다. 예를 들어, "자전거란 무엇인가?"라는 질문을 받으면, 우리는 자전거의 모양이나 기능을 기반으로 아래와 같은 가정을 떠올릴 수 있습니다.

과제	기본 가정
자전거	핸들이 있다. 페달을 밟으면 앞으로 간다. 바퀴가 둘이다. 브레이크가 있다. 비가 오면 타기 힘들다.

역전법 예시 1(명사형 과제)

① **과제 선정:** 술(소주)

② 소주에 대한 기본 가정을 적기: 기본 가정이 많을수록 다양한 아이디어가 나오므로 10개 정도는 채워 보도록 하세요.

- 쓰다.
- 기분이 좋아진다.

- 무색이다.
- 정신이 몽롱해진다.
- 액체다.
- 숙취가 있다.

③ 기본 가정을 모두 뒤집는다.

기본 가정	뒤집기
쓰다.	쓰지 않아도 된다.
기분이 좋아진다.	기분이 좋지 않아도 된다.
무색이다.	색이 다양하다.
액체다.	액체가 아니어도 된다.
정신이 몽롱해진다.	정신이 맑아진다.
많이 마시면 숙취가 있다.	많이 마셔도 숙취가 없다.

④ 혼자 진행하기보다 팀원들과 함께 하면 더 많은 기발한 아이디어를 얻을 수 있습니다. 아이디어 회의는 즐겁고 자유로운 분위기에서 진행할 때 가장 효과적이라는 점을 꼭 기억하세요. 웃고 떠들며 편안한 환경을 조성하는 것이 창의적 발상에 큰 도움을 줍니다.

⑤ 아이디어를 적는다.

과제: ___술(소주)___ 　　　　　　　　　　　　　　　[20　　년　　월　　일]

기본가정	뒤집기	IDEA
쓰다.	쓰지 않아도 된다.	벌꿀이 함유된 소주
기분이 좋아진다.	기분이 좋지 않아도 상관없다.	장례식장이나 이별할 때 마시는 소주
무색이다.	색이 다양하다.	온도에 따라 색깔이 변하는 소주
액체다.	액체가 아니어도 된다.	아이스크림 소주 / 얼음 소주
정신이 몽롱해진다.	마실수록 정신이 맑아진다.	각성효과가 있는 소주
많이 마시면 숙취가 심하다.	많이 마셔도 숙취가 없다.	병뚜껑에 숙취해소에 좋은 성분을 넣는다.

역전법 예시 2(동사형 과제)

① 과제: "어떻게 하면 아버지와 대화를 잘 할 수 있을까?"

② 기본 가정을 적는다.

- 함께 취미 생활을 한다.   • 대화를 많이 한다.
- 서로의 세대를 이해한다.

③ 기본 가정을 뒤집는다.

기본 가정	뒤집기
함께 취미 생활을 한다.	취미 활동을 각각 다르게 한다.
대화를 많이 한다.	대화를 하지 않는다.
서로의 세대를 이해한다.	서로의 세대를 고집한다.

④ 뒤집은 징검다리를 활용해 아이디어를 도출한다.

과제: **어떻게 하면 아버지와 대화를 잘할 수 있을까?**   [20   년   월   일]

기본가정	뒤집기	IDEA
함께 취미활동을 한다.	취미활동을 각각 다르게 한다.	취미활동을 같이 해본다. 취미활동에 필요한 것을 서로 선물한다. 취미활동이 같은 꽃미녀를 소개한다.
대화를 많이 한다.	대화를 하지 않는다.	카톡으로 의사소통 한다. 매일 출근길에 편지나 쪽지를 준다. 가족밴드를 만들어서 생각을 나눈다.
서로의 세대를 이해한다.	서로의 세대를 고집한다.	각 세대의 문화/공간을 교차 체험한다. 역할이나 행동을 바꿔서 해본다. 각자의 친구를 바꿔 만나 대화해본다.

Designed by Good Idea Corp.   ★ 출처/참고: <대한민국 창의력 교과서 / 박종안 저>   ThinkerPlanner Type3 Sheet

실생활에서 역전법 활용하기

- 지식과 경험이 때로는 고정관념으로 작용할 수 있습니다. 역전법을 통해 기존 사

고의 틀을 깨고 새로운 아이디어를 얻어 보세요. 특히, 자신의 전문 분야에서 활용하면 큰 도움이 됩니다.

- 팀이나 조직의 워크숍에서 특정 과제를 해결할 때 역전법을 적용해 보세요. '강제 연결법'만큼이나 뛰어난 효과를 경험할 수 있을 것입니다.

천재들처럼 똑똑해지고 싶으신가요?

역전법을 배운다고 해서 당장 천재가 되는 것은 아닙니다. 먼저, 세상을 바라보는 자신의 태도부터 바꿔야 합니다. 환경에 적응하고 변화에 순응하려는 자세를 내려놓고, 끊임없이 의심하고 질문해 보세요. 그 과정이야말로 진정한 창의성의 시작입니다.

6. 머릿속 생각을
한 장의 생각 지도로!: 마인드맵

사슴을 쫓던 사냥꾼이 숲을 보지 못해 길을 잃는 것처럼, 전체를 보지 않고 일부분에만 집중하면 방향을 잃기 쉽습니다. 탐험에 지도와 나침반이 필요하듯, 생각을 정리하려면 '생각의 지도'가 필요합니다.

인간의 뇌는 약 860억 개의 뇌세포(뉴런)로 구성되어 있지만, 그 정보를 어떻게 저장하고 처리하는지는 명확하지 않습니다. 이런 머릿속 정보를 시각적으로 정리할 수는 없을까요?

1960년대, 영국의 토니 부잔은 이러한 필요성을 해결하기 위해 **마인드맵**

(Mind Map)을 개발했습니다. 마인드맵은 생각을 시각화하는 강력한 도구로 전 세계적으로 널리 사용되며, 초등학교에서도 가르칠 정도로 보편화되었습니다. 그러나 배운 사람은 많아도 실제로 사용하는 사람은 드문데, 이는 마인드맵의 진정한 가치를 제대로 이해하지 못했기 때문일 가능성이 큽니다.

머릿속 생각을 시각화하면 얻을 수 있는 이점은 많습니다. 생각이 눈에 보이면 정리하기 쉬워지고, 정리된 내용은 이해와 구조화가 쉬워지며, 구조화된 정보는 기억하기도, 활용하기도 유리합니다. 이러한 이유로 마인드맵은 생각정리에 효과적인 도구입니다.

마인드맵의 특징

몇 해 전, 초등학교 4학년이던 딸아이가 숙제를 프린트해 달라고 했습니다. 아직 숙제를 다 하지도 않은 상태에서 인쇄부터 부탁하니, 난감했습니다. 그래서 물었습니다.

"숙제를 어떻게 할 건지 먼저 이야기해 볼래?"
딸아이는 대답 대신 눈만 껌뻑거렸습니다.

이럴 때 마인드맵을 활용하는 것이 좋습니다. 우선 생각을 펼쳐 놓고 보는 거죠.

"숙제가 뭐지? 종이 한가운데 크게 적고 동그라미를 그려 봐."
이렇게 시작하니 딸아이는 숙제와 관련된 내용을 떠올리며 적어 나갔고, 점차 필요한 자료와 구성에 대한 감이 잡히는 것 같았습니다.

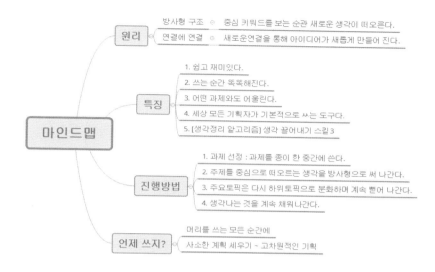

마인드맵

원리 ─ 방사형 구조 ○ 중심 키워드를 보는 순간 새로운 생각이 떠오른다.
└ 연결에 연결 ○ 새로운연결을 통해 아이디어가 새롭게 만들어 진다.

특징
1. 쉽고 재미있다.
2. 쓰는 순간 똑똑해진다.
3. 어떤 과제와도 어울린다.
4. 세상 모든 기획자가 기본적으로 쓰는 도구다.
5. [생각정리 알고리즘] 생각 끌어내기 스킬3

진행방법
1. 과제 선정 : 과제를 종이 한 중간에 쓴다.
2. 주제를 중심으로 떠오르는 생각을 방사형으로 써 나간다.
3. 주요토픽은 다시 하위토픽으로 분화하며 계속 뻗어 나간다.
4. 생각나는 것을 계속 채워나간다.

언제 쓰지?
머리를 쓰는 모든 순간에
사소한 계획 세우기 ~ 고차원적인 기획

마인드맵은 초등학생도 쉽게 활용할 수 있는 간단한 도구입니다.

게다가 마인드맵은 사용하는 즉시 성과가 보인다는 강점이 있습니다.

사소한 계획에서 복잡한 문제 해결까지, 생각을 정리해야 하는 모든 순간에 마인드맵을 그리는 습관을 들이면, 인생은 훨씬 효율적이고 편리해질 것입니다.

마인드맵의 방법

① 중심 주제를 종이 한가운데에 쓴다.
② 주제를 중심으로 떠오르는 생각을 방사형으로 써 나간다.
③ 주요 토픽에서 하위 토픽으로 확장해 나간다.
④ 생각나는 것을 적으며 지도를 채워 나간다.

군복무 시절, 저는 토니 부잔의 『마인드맵 북』을 세 번 정독하고 이를 활용해 책의 내용을 정리했습니다. 이후로 지금까지 마인드맵은 제가 모든 생각을 정리할 때 사용하는 강력한 도구가 되었습니다. 기획자들이 생각을 펼치고 정리하는 데 이 도구를 활용하는 것처럼, 더 똑똑해지고 싶은 독자라면 마인드맵 사용을 꼭 추천해 드립니다.

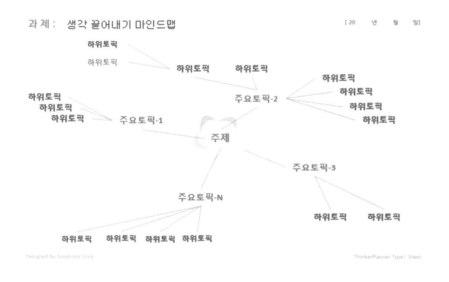

★ TIP 1: 마인드맵은 정해진 규칙이 없습니다.

마인드맵은 기호, 그림, 숫자, 선 등 다양한 방식으로 표현할 수 있으며, 컬러 펜을 활용하면 더 효과적입니다. 연관 있는 단어를 연결하고, 꼬리를 물며 생각을 확장하는 것이 중요합니다. 이러한 과정은 인간의 뇌 구조와 자연의 모든 것이 서로 연결되는 원리와 닮아 있습니다. 그래서인지 마인드맵은 생각을 확장하고 창의성을 끌어내는 데 더욱 강력한 도구로 활용됩니다.

마인드맵 예시(1분 스피치 자기소개)

처음 만나는 사람들 앞에서 1분 동안 자기소개를 해야 한다고 가정하고, 아래와 같은 **마인드맵**을 그려 볼 수 있습니다. 이 마인드맵은 자기소개를 준비하기 위해 머릿속 생각을 시각적으로 정리한 예시입니다.

실제 소개할 때는 작성한 **마인드맵에서 핵심 키워드**를 뽑아내어, 상황에 맞게 자연스럽게 소개하면 됩니다. 예를 들어, 등산을 좋아한다면 '최근 등산 중 얻은 깨달음'과 같이 에피소드를 덧붙여 개성을 드러낼 수도 있습니다.

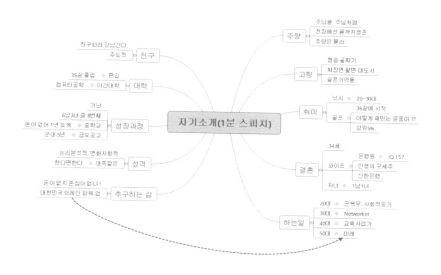

실생활에서 마인드맵 활용하기

생각을 **'눈에 보이도록' 시각화**하는 것이 마인드맵의 핵심입니다. 주제를 종이의 중심부에 쓰는 순간, 두뇌는 이를 출발점으로 **연상 작용**을 시작합니다.

중심 단어를 기준으로 생각이 자연스럽게 확장되며, 꼬리에 꼬리를 물고 아이디어가 이어집니다. 이렇게 하나씩 채워 나가다 보면 한 장의 **'생각 지**

도'가 완성됩니다.

그러나, 여기서 끝이 아닙니다.
마인드맵은 단순한 시각화 도구에 그치지 않습니다. 완성된 마인드맵을 **활용해 더 깊이 있는 생각정리 단계**로 나아가는 것이 중요합니다.

이후 과정에서는 이 생각 지도를 기반으로 **구체적 실행 계획**을 세우거나, **아이디어를 체계화**하는 작업으로 이어질 수 있습니다(이 부분은 **3장에서** 더 자세히 다룹니다).

머리를 써야 하는 모든 순간, **마인드맵으로 출발**하세요.
더 똑똑해지고 싶다면, 지금 당장 펜과 종이를 준비해 두어 필요할 때 언제든 활용할 수 있도록 해 보세요.

 # 7. 다빈치 기법

마인드맵이 '연결'을 통해 생각을 구조화하는 도구라면, **다빈치 기법**은 '조합'을 통해 새로운 아이디어를 창출하는 방법입니다. 흔히 '조합법'으로 불리기도 합니다.
현대 사회에서는 완전히 새로운 것을 창조하기란 거의 불가능합니다. 대신, 기존의 것에 새로운 요소를 결합하거나 변형해 **새로운 것을 만들어 내는 과정**이 창의성의 핵심이 되고 있습니다.

다빈치 기법의 이름 유래

이 기법의 이름은 르네상스 시대의 대표적인 천재, **레오나르도 다빈치**(Leonardo da Vinci, 1452. 4. 15.~1519. 5. 2.)에서 유래했습니다.

다빈치는 어린 시절부터 **조합 놀이**를 즐겼다고 전해집니다. 그림을 그리거나 새로운 아이디어를 구상할 때, 그는 **다양한 요소**를 조합하는 방식을 통해 창의적인 결과물을 만들어 냈습니다. 이 놀이는 단순한 유희를 넘어 다빈치만의 **창의적 사고 도구**로 자리 잡았습니다.

다빈치 기법은 현대에도 여전히 유효한 **창의적 발상 도구**로, 기존의 틀을 깨고 새로운 가치를 만들어 내는 데 탁월한 효과를 발휘합니다.

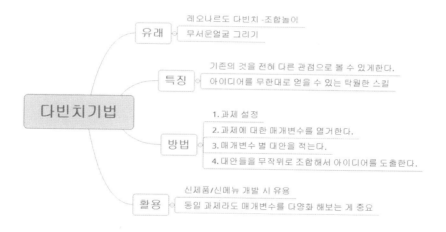

다빈치 기법의 방법

① 과제를 설정한다.

② 주제에 대한 매개변수를 열거한다.

③ 매개변수에 대한 대안을 채워 나간다.

④ 매개변수별 대안을 무작위로 조합해 아이디어를 도출한다.

다빈치 기법 예시: 새로운 '볼펜' 만들기

1단계: 과제 설정 – 새로운 '볼펜'

2단계: **매개변수** 나열: 용도/재질/모양/굵기/가격…

볼펜은 완성된 형태지만, 이를 구성하는 여러 세부 구성 요소가 있습니다. 예를 들면, 몸통 재질, 볼 크기, 굵기, 가격, 기능, 용도, 모양 등이 있으며, 우리는 이러한 요소들을 **매개변수**라고 부릅니다.

3단계: 각 매개변수에 대한 대안 채우기

  예) 재질: 알루미늄, 플라스틱, 악어가죽

  예) 모양: 직선형, 야구 배트 모양, 골프채 모양

4단계: 무작위 조합을 통해 아이디어 도출

- 알루미늄 재질/야구 배트 모양/5mm 크기/스마트키 용도의 무료 볼펜
- 악어가죽 재질/골프채 모양/10mm 굵기/만년필 가격/전화기 기능을 갖춘 볼펜

---

② 매개변수 채우기

③ 대안 채우기

용도	몸통재질	모양	굵기	가격
글씨쓰기	나무	도깨비방망이	손가락	만년필
이쑤시개	알루미늄	야구배트	10mm	노트북
스마트키	플라스틱	골프채	5mm	10만 원
전화기	종이	나무	보드마커	금
MP3 플레이어	악어가죽	국기봉	손톱	공짜

★ TIP 1: 무작위로 대안을 선정하는 방법

포스트잇에 번호를 적어 무작위로 뽑거나, 주사위 혹은 다각형 도구를 굴려

대안을 선택해 보세요. **중요한 것은 '무작위성'을 유지하는 것**입니다. 이 과정을 통해 예상치 못한 조합에서 창의적인 아이디어가 탄생할 수 있습니다.

★ TIP 2: 무작위 조합의 결과가 너무 이상해요!

모든 매개변수와 대안을 반드시 다 사용할 필요는 없습니다. 다빈치 기법의 결과는 아이디어를 얻기 위한 과정일 뿐입니다. 필요하다면 특정 매개변수만 사용하고 나머지는 과감히 버리세요. 예를 들어, 삼각김밥은 여러 매개변수 중 '모양'에서 삼각형을 선택한 결과입니다.

실생활에서 다빈치 기법 활용하기

신제품을 개발할 때 활용하면 큰 효과를 볼 수 있습니다.

다빈치 기법

과제 :

매개변수

대안

● 무작위 조합

매개변수

● 아이디어

8. 아이디어 수정: PMI

수년 전, 전국을 돌며 강의하던 중 경북의 한 대학에서 창업 동아리 학생들이 주최한 작품 전시회를 보게 되었습니다. 30여 개 동아리가 참여한 제법 큰 행사로, 학생들은 지나가는 관람객을 열정적으로 끌어들이며 작품을 소개했습니다.

학생들의 반짝이는 눈빛과 자신감 넘치는 태도는 매우 인상적이었지만, 작품 설명을 듣는 순간, 저는 속으로 웃음을 참아야 했습니다. **표정 관리가 절실한 순간**이었죠.

사람들은 종종 자신이 떠올린 아이디어에 너무 몰입한 나머지, 그 문제점이나 한계를 제대로 보지 못하는 경우가 많습니다. "대박 아이디어!"라는 확신이 드는 순간, **확증편향**이 머릿속을 지배하며 판단력을 잃게 되죠.

학생들 역시 자신들의 작품이 최고라고 굳게 믿었고, 관람객도 이를 인정해 줄 것이라 확신하는 모습이었습니다. 그러나 제 생각은 사뭇 달랐습니다.

"미안하지만, 젊은 친구들아. 너희들의 작품에는 아직 문제점이 많단다."

아이디어를 개선하는 가장 효과적인 방법:
제삼자의 시각

이런 상황에서는 **제삼자의 시각**을 빌리는 것이 간단하면서도 효과적인 해결책입니다. 제삼자는 선입견 없이 객관적인 판단을 내릴 수 있기 때문이죠. 이는 마치 **고수들의 장기판을 구경하던 하수가 객관적인 조언을 할 수 있는 상황**과도 유사합니다.

'브레인스토밍의 원리'를 기억하시나요?
아이디어를 자유롭게 내는 시간과 비판하는 시간을 철저히 분리하는 것이 창의적 발상의 핵심 원리였습니다. 아이디어를 자유롭게 내는 단계에서는 어떤 비판도 금지하고 오로지 발상에 집중해야 합니다.

그러나 **최고의 아이디어를 선정한 후**에는, 그 아이디어를 철저히 비판하고 수정하며 개선하는 시간이 필요합니다. 바로 이때 PMI 기법을 활용할 수 있습니다.

PMI: Plus, Minus, Interesting

PMI는 아이디어 수정 단계에서 **강점**(Plus), **약점**(Minus), 그리고 **재미있거나 흥미로운 점**(Interesting)을 나눠 분석하며 아이디어를 발전시키는 간단하면서도 효과적인 방법입니다.

아이디어를 선정한 후에는, 가볍고 자유로운 분위기였던 회의와 달리 **철저하고 진지한 수정 과정**이 필요합니다. 이 과정에서 구성원들이 놓쳤던 문제점을 찾아내고, 이를 보완하기 위한 대안을 마련해야 하죠.

PMI 과정을 생략하고 제품 제작이나 정책 실행에 들어간다면, 머지않아 **큰 후회**로 이어질 가능성이 큽니다. 따라서 시간을 조금 더 들이더라도, 차분하고 꼼꼼하게 아이디어를 비판하고 다듬는 과정을 거쳐야 합니다.

PMI 생략이 가져오는 결과: 「중대 재해 처벌법」 사례

혹시 「중대 재해 처벌법」 시행 직후를 기억하시나요?

많은 현장에서 불만과 혼란의 목소리가 터져 나왔습니다. 저는 그 당시 '이 법을 입안한 사람들이 **PMI 과정을 거치지 않고** 급하게 실행에 들어간 것이 아닐까?' 하는 생각이 들었습니다. **꼼꼼한 수정 과정을 거쳤다면**, 더 나은 정책이 될 가능성이 높았겠죠.

가끔은 '국회에 가서 강의해야 하나….'라는 생각도 들더군요. 😅

PMI 진행 방법

① 아이디어에 대한 Plus, Minus, Interesting을 열거한다.

② 장점(Plus)을 기술하고 이를 더 강화할 방안을 모색한다.

③ 흥미로운 점(Interesting)을 기술하고 이를 더욱 발전시킬 방안을 찾는다.

④ 문제점(Minus)을 철저히 분석하고 보완책에 대해 심도 있게 브레인스토밍한다.

⑤ 최종 아이디어를 완성한다.

PMI 예시

- **과제:** "어떻게 하면 주유소 매출을 증대시킬 수 있을까?"
- **선정된 Best 아이디어:** 전화 한 통이면 방문 주유를 해 준다.

(본 예시는 어디까지나 독자들의 이해를 돕기 위한 가상의 예시임.)

수정 전 아이디어

오지 마세요.
전화 한 통이면 찾아가서 주유해 드립니다.

✓ **Plus(장점): 장점은 최대한 키우고**
  - 진짜 전화 한 통만 하면 주유 끝!

✓ **Minus(단점/문제점): 문제점은 철저하게 보완하라.**
  - 고객의 신상 정보와 주거 위치를 매번 확인해야 한다.
  - 차량마다 유종과 주유량이 다르다.
  - 고객들이 전화를 거는 것조차 번거로울 수 있다.

✓ **Interesting: 흥미로운 점은 더욱 흥미롭게**
  - 여성들은 차량 관리를 남편에게 맡기는 경우가 많다.

장점과 흥미로운 점도 중요하지만, 무엇보다 **문제점(Minus)**을 철저히 분석하고 이에 대한 보완책을 마련하는 것이 진정한 **고수의 자세**입니다.

수정 후 최종 아이디어

- 여성 운전자를 대상으로 방문 주유 서비스를 제공한다.
- 회원제로 운영하며 가입 시 주거지역, 차량 정보 등을 입력하게 한다.
- 전용 앱을 개발해 'Call' 버튼만 누르면 설정한 위치와 시간에 방문 주유를 제공한다.
- 간단한 외부 세차나 소모품 교체 등의 서비스를 추가해 부가 수익을 창출한다.
- 월 단위로 결제하고 포인트 적립 후 연말에 현금으로 캐시백을 제공한다.

이처럼 간단한 한 줄짜리 아이디어도 **PMI 과정을 거치면** 훨씬 더 체계적이고 완성도 높은 아이디어로 발전할 수 있습니다. 아무리 괜찮아 보이는 아이디어라 할지라도, **곧바로 실행에 옮기지 말고** 반드시 PMI 과정을 거치는 습관을 들이세요.

"IDEA보다 중요한 것이 PMI 과정!"

3장

생각정리 알고리즘

생각정리알고리즘

Brain Power-up

THINKER PLANNER

씽커플래너(상표등록 제41-0314257~8호)

1장과 2장은 모두 이 3장을 위한 준비 단계였습니다.
'생각정리 알고리즘'은 실질적이고 효과적인 도구입니다.

학생들에게는 **공부의 효율을**,
직장인들에게는 **업무 성과**를 높여 주는
구체적이고 실용적인 노하우를 제공합니다.

그러나 이러한 효과는
제대로 익히고 실생활에서 꾸준히 활용할 때 발휘됩니다.

이제 여러분의 생각을 체계적으로 정리하고,
더 나은 결과를 만들어 내는 방법을 배울 시간입니다.

특허받은 생각정리 프로세스를 직접 경험해 보세요.

1. 똑똑하게 살아남기

동일한 문제를 더 빠르고 효율적으로 해결하는 사람은 어떤 이유로 그럴 수 있을까요? 단순히 머리가 좋아서일까요, 아니면 다른 비결이 있을까요?

진정한 의미의 똑똑함은 단순히 지식을 많이 아는 것에 그치지 않습니다. **주어진 미션을 효과적으로 수행하고, 문제를 해결하며 성과를 만들어 내는 능력**이야말로 진정한 똑똑함입니다.

학생에게 주어진 미션은 공부입니다. 목표를 이루기 위해 열심히 학습하고 좋은 성적을 거둔다면, 그 학생은 똑똑하다고 평가받을 것입니다. 직장인이라면, 맡은 업무를 탁월하게 처리해 뛰어난 성과를 낸다면, 그는 똑똑한 직장인이라 불릴 만하죠.

그렇다면, 더 똑똑한 학생이나 직장인이 되려면 어떻게 해야 할까요?

똑똑해지기 위한 세 가지 핵심 요소

모든 행동은 우리의 **생각**에서 비롯됩니다. 따라서 똑똑한 사람이 되기 위해서는 다음 세 가지 핵심 능력이 필요합니다.

1) 생각하는 능력

사고의 깊이가 얕거나 생각하기를 회피하는 사람(Mindless)은 똑똑함에 도달하기 어렵습니다. 문제를 관찰하고 분석하며 본질을 파악하려는 능동적 사고가 필수입니다.

예를 들어, 복잡한 프로젝트를 맡았을 때, 문제를 정확히 분석하고 우선순위를 정하는 사람일수록 성공적으로 해결할 가능성이 높습니다.

2) 생각을 정리하는 능력

기발한 아이디어가 머릿속에 가득하더라도, 이를 체계적으로 정리하지 못하면 의미 있는 결과를 만들어 내기 어렵습니다.

머릿속 생각을 명확히 정리하는 힘은 똑똑함의 핵심입니다. 회의에서 좋은 아이디어를 내놓아도 체계적으로 전달하지 못하면 설득력을 잃게 됩니다. 반면, 명확하게 정리된 프레젠테이션은 강력한 무기가 됩니다.

3) 실행력

아무리 뛰어난 생각과 아이디어가 있어도 이를 실행하지 않으면 모든 것이 허사가 됩니다.

흔히 말하는 '게으른 천재'가 큰 업적을 남기지 못하는 이유는 바로 실행력 부족에 있습니다. 많은 혁신적 아이디어가 실행되지 못하고 사라지는 이유도 실행의 첫걸음을 내딛지 못하기 때문입니다. 작은 것이라도 실천하는 것이 중요합니다.

똑똑해질 수 있다는 희망

타고난 두뇌를 바꿀 수는 없지만, 노력과 훈련을 통해 **생각하는 능력, 생각을 정리하는 능력, 실행력**을 충분히 키울 수 있습니다.

똑똑함은 단순히 머리가 좋은 것이 아닙니다. **생각을 정리하고 이를 실행으로 옮길 수 있는 실질적 역량**입니다. 그렇다면, 이러한 능력을 어떻게 높일 수 있을까요?

여러분이 가진 잠재력을 끌어내는 열쇠는 이미 여러분 안에 있습니다. 이 책은 그 문을 여는 방법을 제시할 것입니다. 함께 더 똑똑하고 의미 있는 삶을 시작해 봅시다.

이 책과 함께하는 여정이 여러분의 잠재력을 발휘하고, 더 똑똑하고 생산적인 삶으로 나아가는 중요한 첫걸음이 되길 진심으로 바랍니다.

 **2. 생각은 많아야 하나,
적어야 하나?**

특별히 선호하는 종교는 없지만, 어느 날 법륜스님의 즉문즉설 유튜브 영상을 보다가 흥미로운 질문을 접하게 되었습니다. 다양한 사람들의 인생 이야기를 들으며 내가 살아온 길에 감사함을 느끼던 그날, 스님께서 청중들에게 이런 질문을 던지셨습니다.

"여러분, 생각은 많은 게 좋을까요? 적은 게 좋을까요?"

귀를 쫑긋 세웠습니다. 스님이 어떤 답을 내놓을지 궁금하기도 했지만, 그보다 내가 평소 강의에서 청중들에게 던지던 질문과 동일했기 때문입니다.

만약 스님의 답변이 나와 정반대라면, 내가 강의를 통해 전해 온 내용이 잘못되었을 수도 있다는 걱정이 앞섰습니다.

하지만 스님의 이어지는 설법을 들으며 다행히도 반전이 있음을 알게 되었습니다. 스님이 말씀하신 '생각'과 내가 말하는 '생각'의 의미가 서로 달랐던 것이죠.

스님은 이어 말씀하셨습니다.
"일어나지도 않은 일을 두고 미리 고민하지 말고, 일이 터졌을 때 그때 고민하세요."

그제야 스님의 '생각'이란 '불필요한 고민과 번뇌'를 의미한다는 것을 깨달았습니다.

> 법륜스님: **"생각은 적은 게 좋다."**
> - **생각** ⇒ 불필요한 고민과 번뇌를 의미.
>
> 최필장군: **"생각은 많을수록 좋다."**
> - **생각** ⇒ 문제 해결을 위한 고민.
> - 주변에서 일어나는 상황/현상에 관한 관심, 창의적 발상을 위한 다양한 생각들.

스님의 말씀처럼, 하지 않아도 될 잡다한 고민과 번뇌는 적을수록 좋습니다. 하지만 이 책에서 말하는 '생각'은 그와 다릅니다. 생각은 많을수록 좋고, 많아야만 합니다.

왜 생각이 많아야 할까요?

생각이 적다는 것은 주변에서 일어나는 다양한 현상과 상황에 대한 관심이 부족하다는 것을 뜻합니다. 창의성의 반대말이 '무관심'이라는 사실을 기억하시나요? 머릿속에 아무 생각도 없다면, 그것은 좀비처럼 무기력한 상태에 불과합니다. 차라리 잡생각이라도 많은 편이 낫습니다. 잡생각도 잘 정리하면 유용한 아이디어로 발전할 수 있기 때문입니다.

생각은 많아야 합니다. 많을수록 좋습니다!

3. 그렇다고 많은 게 무조건 좋은 걸까?

2000년, 마윈 회장이 투자 유치를 위해 사업 계획을 브리핑하던 중, 손정의 회장은 단 5분 만에 2000만 달러를 투자하기로 결심했습니다. 그를 사로잡은 것은 바로 마윈의 눈빛이었다고 합니다. 그 눈빛은 과연 어떤 모습이었을까요?

창의성을 주제로 강의 현장을 누빈 지도 어느덧 10년이 넘었습니다. 이쯤 되니 강의장에 들어서는 순간, 그날 청중의 브레인 파워가 어느 정도인지 직감적으로 알게 되었습니다. 물론 완벽히 맞추지는 못하지만, 강의를 진행하다 보면 대부분 제 직감이 들어맞는다는 것을 확인하곤 합니다. 그래서 강의뿐만 아니라 일상에서도 가장 먼저 사람들의 눈빛을 살피는 습관이 생겼습니다.

창의적인 사람은 표정부터 밝습니다. 머리가 좋고 나쁨을 떠나, 인상을 찡그린 사람의 머리에서는 기발한 발상이 나오는 경우를 거의 보지 못했습니다. 창의적인 사람은 눈빛 또한 맑고 밝습니다. 생각이 얕은 사람의 눈빛은 흐리고 탁하지만, 깊은 사람의 눈빛은 맑고 빛이 납니다. 이러한 통찰은 제가 10여 년간 강의를 통해 얻은 경험에서 비롯된 것입니다.

밝고 맑은 표정과 눈빛은 생각하는 사람의 필수 조건입니다.

그래서 학생들에게 매일 아침 거울을 보며 자신의 표정과 눈빛을 점검하라고 조언합니다. 그렇게 자신을 돌아보는 습관을 들이면, 결국 얼굴에 품격이 자리 잡게 됩니다.

결국, 머릿속에 생각이 충만해야 눈빛에 생기가 돌고 표정이 밝아진다는 의미인데, 여기에는 중요한 전제가 하나 있습니다.

생각이 충만하더라도 반드시 정리되어야 합니다.

생각이 많아도 정리가 안 되면 무용지물

정리가 되지 않은 생각은 많아도 무용지물입니다. 오히려 혼란을 초래할 수 있으며, 심지어는 생각이 없는 것보다 더 나쁜 결과를 낳을 수도 있습니다. 이는 마치 여러 식당 중에서 무엇을 먹을지 결정하지 못하고 고민하는 것과 같습니다. 차라리 식당이 하나뿐이라면 고민 없이 선택할 수 있었겠죠.

생각정리의 중요성: 학창 시절을 돌아보며

학창 시절을 떠올려 보세요. 공부를 잘했던 친구 중에 코피가 터지도록 공부한 친구는 드물었을 것입니다. 반면, 공부에 소질이 없던 친구들은 웬만큼 노력해도 성적이 크게 오르지 않았을 것입니다. 왜 이런 차이가 날까요?

물론 지능의 문제일 수도 있습니다. 하지만 저는 **생각정리의 부재**를 의심합니다.

공부는 곧 생각을 정리하는 과정입니다. 생각이 제대로 정리되지 않으면, 아무리 열심히 공부해도 성적이 오르기 어렵습니다. 학생들의 경우, 그들의 노트 정리 상태를 보면 생각정리가 얼마나 이루어졌는지 짐작할 수 있습니다.

생각정리가 안 되면 취업도 어렵다

생각정리가 되지 않으면 취업도 어려워질 가능성이 큽니다.
첫째, 성적이 부진할 가능성이 높고,
둘째, 글쓰기와 말하기 능력이 부족할 수 있기 때문입니다.
자기소개서는 생각을 글로 표현한 것이고, 면접은 그 생각을 말로 표현한 것입니다. 생각을 논리 정연하게 정리해 표현하지 못하면 글과 말이 어눌해지고, 결국 인사 담당자를 설득하기가 어려워질 것입니다.

생각정리의 부재가 직장에서 초래하는 비극

더 큰 문제는 직장 생활에서도 발생합니다.
열심히 일해도 성과는 미미한 상황. 이는 학교를 졸업하고 전성기를 맞아야 할 시기에 벌어지는 비극입니다.

학교에서나 직장에서나, 모든 문제는 결국 **생각정리의 부재**에서 시작됩니다. 부디 여러분은 생각을 정리하는 힘을 길러, 그런 상황에 놓이지 않기를 진심으로 바랍니다.

4. 도끼질만 하다가 죽을래?

2018년 5월, '생각정리 알고리즘' 강의를 시작한 이후로 수많은 사람이 이 과정을 거쳐 갔습니다. 강의는 보통 25명 내외로 진행되는데, 시작 전에 늘 같은 질문을 던집니다.

"일과를 시작하기 전, 그날 할 일을 글로 적어 본 적이 있나요?"

이 질문에 손을 드는 사람은 어른이든 아이든 거의 몇 명에 불과합니다. 여러분은 어떠신가요? 아마도 대부분 "굳이 적을 필요를 못 느꼈다." 혹은 "중요성을 몰랐다."라고 대답할 것입니다. 하지만 한번 생각해 보세요. **하루를 시작하기 전에 계획을 정리하고 행동하는 사람과 그렇지 않은 사람 중, 누가 더 효과적으로 하루를 보낼까요?**

우등생과 열등생의 차이

세상에는 두 부류의 사람이 있습니다. **성과를 내는 사람**(우등생)**과 성과가 부족한 사람**(열등생)이죠. 여러분은 어느 쪽에 속하고 싶으신가요? 자녀가 있다면, 자녀가 어느 그룹에 속하기를 바라시나요?

우리는 반드시 성과를 내는 그룹에 속해야 합니다. 이유는 간단합니다. 성과가 부족한 그룹에 속하면 평생 고생이기 때문입니다.

성과가 저조한 사람들은 아무리 열심히 해도 좋은 결과를 내기 어렵습니다. 직장에서 흔히 '멍부(멍청하면서 부지런한 사람)'라 불리는 이들이 있습니다. 이들은 열심히 일할수록 더 많은 문제를 일으키죠. 결국, 이런 사람들에게 직장은 결코 행복한 장소가 될 수 없습니다.

그렇다면, 성과가 높은 사람과 낮은 사람의 차이는 무엇일까요? 지능일까요?

꼭 그렇지만은 않습니다. 지능이 높아도 '공부머리'나 '일머리'가 없는 사람이 많은 것을 보면 알 수 있습니다. 그렇다면 진짜 차이는 무엇일까요?

도끼날을 세워라

옛날, 성실한 나무꾼이 있었습니다. 그는 늙은 부모님과 가족을 먹여 살리기 위해 매일 도끼질을 하며 열심히 일했습니다. 그러나 그의 이웃은 성실하지 않았음에도 더 많은 나무를 베어 냈습니다. 두 사람 모두 비슷한 조건에서 일했지만, 왜 이런 결과가 나왔을까요?

그 이유는 간단합니다.

"도끼질만 하다 죽을래? 제대로 베려면 날부터 세워라!"

성실한 나무꾼은 도끼날을 세우지 않고 무작정 도끼질만 했습니다. 아무리 열심히 해도 성과가 나지 않은 이유는 바로 이 준비 부족에 있었던 것이죠.

준비 없는 행동의 공통점

열심히 도끼질하는 나무꾼, 공부를 열심히 하지만 성적이 오르지 않는 학생, 열심히 일하지만 성과가 저조한 직장인. 이들의 공통점은 무엇일까요?

바로 목표 달성을 위한 준비 없이 곧바로 행동에 돌입한다는 점입니다.

- **나무꾼:** 나무를 베기 전에 도끼날을 세우지 않았다.
- **학생:** 공부한 내용을 이해하고 정리하지 않았다.
- **직장인:** 업무에 들어가기 전에 계획을 세우지 않았다.

모든 성과의 성패는 **'생각정리'**에 달려 있습니다.

생각정리: 고성과자와 저성과자의 차이

① 생각을 정리한 후 행동으로 옮기는 사람과
② 정리 없이 무작정 행동하는 사람의 결과는 하늘과 땅 차이입니다.

　같은 날 입사했더라도, 한 사람은 초고속 승진을 하고, 다른 한 사람은 만년 대리나 과장에 머물게 됩니다. 시간이 흐를수록 그 격차는 더 커지고, 결국 한 사람은 임원이 되고, 다른 사람은 퇴출의 고배를 마시게 될 것입니다

출처: Pixabay

　혹시 주변에 "매일 바빠 죽겠다."라고 말하는 사람이 있나요?

　비슷한 일을 하더라도 어떤 사람은 이틀 만에 끝내고, 어떤 사람은 일주일 이상 걸리는 경우가 있습니다. 그것도 야근까지 하면서 말이죠. 이런 사람들은 자신을 '열심히 일하는 사람'이라고 생각할지 모르지만, 제삼자의 눈에는 '퇴출 1순위'일 뿐입니다.

항상 바쁘다고요? 그건 자랑이 아닙니다

노력에 비해 성과가 미미한가요?

그렇다면 잠시 하던 일을 내려놓으세요. **평소에 생각을 정리한 후 행동하는지, 아니면 정리 없이 무작정 행동에 돌입하는지**를 곰곰이 생각해 보시기 바랍니다.

우등생과 열등생의 차이는 바로 '**생각정리**'에서 시작됩니다.

생각정리가 성과를 만들고, 성과가 삶의 방향을 결정합니다. 이제 여러분은 어떤 선택을 하시겠습니까?

 # 5. 생각정리가 어려운 이유

인생의 흥망성쇠가 생각정리에 달려 있다는 사실을 이제 이해하셨을 겁니다. 지금까지는 대충 살아왔다 하더라도, 이 책을 읽으며 '더 이상 이렇게 살면 안 되겠다.'라는 결심을 하셨기를 바랍니다.

사실, 생각정리를 못 하는 이유는 싫어서가 아니라 방법을 몰라서인 경우가 대부분입니다. 좋게 말하면, 제대로 배운 적이 없기 때문이죠. 대학을 졸업한 사람이라면 최소 16년이라는 긴 세월을 학교에서 보냈겠지만, 그 시간 동안 **두뇌를 효과적으로 사용하는 법**을 배운 기억은 거의 없을 것입니다. 그렇다면 대학원에 가면 배울 수 있을까요?

대한민국 교육, 이대로 좋은가!

생각정리가 어려운 근본적인 이유는 그렇다 치고, 이제 더 구체적인 **기술적 이유**에 대해 알아보겠습니다. 문제를 명확히 알아야 해결책도 찾을 수 있으니까요.

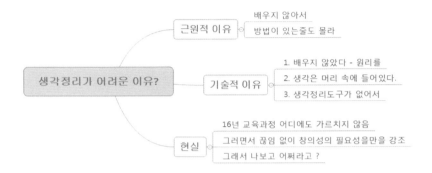

첫 번째 이유:
생각정리의 방법(원리)을 제대로 배운 적이 없기 때문입니다.

이 책을 통해 제가 개발한 특별한 원리를 여러분께 전달하려는 이유도 여기에 있습니다. 이 원리는 독창적인 접근법으로 특허(특허 제10-1941243호)까지 받은 시스템입니다.

두 번째 이유:
생각은 눈에 보이지 않기 때문입니다.

생각은 머릿속에 들어 있어 눈으로 확인할 수 없습니다. 인간의 두뇌에는 수많은 지식과 경험이 저장되어 있고, 이들이 서로 연결되며 새로운 형태의 생각으로 재생성됩니다. 머릿속에 무엇이 들어 있는지 파악하기란 쉽지 않죠. 이를 해결하려면 **생각을 시각화**하는 것이 가장 효과적입니다.

세 번째 이유:
적절한 도구를 사용하지 않기 때문입니다.

땅을 파는 방법을 생각해 보세요. 손으로 팔 수도 있지만, 더 편리하게 하려면 삽이나 굴삭기를 사용하는 것이 훨씬 효율적입니다. 생각정리도 마찬가지입니다. 올바른 도구를 사용하면 훨씬 더 효과적으로 정리할 수 있습니다.

생각정리노트: 생각정리 알고리즘을 탑재한 도구

이번 장에서는 생각정리를 위한 전용 도구, '생각정리노트'를 소개합니다. '어떻게 하면 평범한 사람도 쉽고 빠르게 생각정리를 할 수 있을까?'라는 고민에서 시작된 이 노트는, 독창적인 접근법으로 특허를 받은 강력한 도구로, 생각정리가 어려운 이유 세 가지를 한 번에 해결합니다.

① 생각정리의 원리를 담고 있으며
② 생각의 시각화에 최적화된 구조를 가지고 있고
③ 이 모든 것을 하나의 도구로 구현했습니다.

생각정리노트의 특별한 기능

생각정리노트는 단순히 머릿속 생각을 시각화하는 데 그치지 않습니다.

• **아이디어가 부족한 사람**에게는 새로운 생각을 만들어 내는 데 도움을 주고,
• **생각이 많은 사람**에게는 그 생각을 정리하고 체계화하는 데 도움을 줍니다.

생각정리노트

생각이 이미 많으면 정리하면 되고	생각이 다소 모자라면 끌어내면 되고
생각이 많은 사람	**생각이 적은 사람**

결론적으로, 이 도구는 **모든 사람**을 위해 설계되었습니다.

더 나은 생각, 더 나은 삶

여러분은 이 도구를 사용하는 것만으로도 **똑똑한 사람의 반열**에 오를 수 있습니다. 기대되지 않나요?

그럼, 지금부터 더 나은 삶을 위한 생각정리의 여정을 시작해 보세요.

 # 6. 생각정리 3단계 원리

복잡한 머릿속 생각을 정리하는 가장 효과적인 방법은 마치 어지럽혀진 옷장이나 책장을 정리하는 과정과 비슷합니다. **'생각정리 알고리즘'**은 단순하면서도 강력한 3단계 원리를 통해 생각을 체계적으로 정리하는 명확한 방법을 제시합니다.

1단계: 책장에서 책을 모조리 꺼낸다. → 생각 끌어내기
2단계: 일정한 규칙에 따라 분류한다. → 생각 분류하기
3단계: 다시 책장에 넣는다. → 정리 끝!

이 직관적이고 간단한 프로세스는 복잡한 생각을 정리하고 실행할 수 있는 플랜으로 변환시키는 데 매우 탁월한 도구입니다.

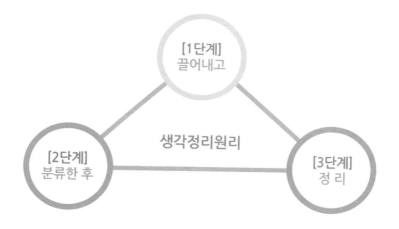

3단계 원리의 실제 적용: 씽커플래너의 구조

씽커플래너는 '생각정리 알고리즘'의 3단계 원리를 실질적으로 구현한 독창적인 노트형 도구입니다. 사용자가 생각을 단계적으로 정리하고, 창의적인 기획 및 문제 해결로 이어질 수 있도록 설계되었습니다.

씽커플래너의 물리적 구조

씽커플래너는 생각정리 3단계를 물리적으로 구현한 세 가지 영역으로 구성되어 있습니다.

▶ 좌/상단: 생각 끌어내기(시각화)

- 생각을 자유롭게 끌어내어 시각적으로 표현하는 공간입니다. 마인드맵을 활용해 머릿속 생각을 눈에 보이도록 펼치는 공간이죠. 생각은 시각적으로 드러날 때 정리/구조화가 훨씬 쉬워집니다.

▶ 좌/하단: 생각 분류하기(구조화)

- 끌어낸 생각을 키워드, 카테고리별로 분류하고 순서화하는 공간입니다. 이 과정은 시각화된 생각을 명확하고 체계적인 구조로 전환하는 생각정리의 핵심 단계입니다.

▶ 우/정리 영역: 생각정리 마무리

- 분류된 생각을 실행할 수 있는 플랜이나 논리적인 문장으로 발전시키는 공간입니다.

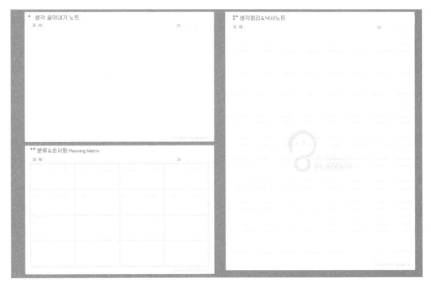

생각정리노트 '씽커플래너'

특허와 차별성

씽커플래너의 가장 큰 강점은 단순한 **3단계 원리를 실제 제품으로 구현한
독창성**에 있습니다. 사용자는 이 도구를 활용해 **생각을 시각화, 구조화하여
실행 가능한 플랜**으로 전환할 수 있습니다. 이러한 혁신성은 특허로 보호받
고 있으며, 씽커플래너는 단순한 노트를 넘어선 강력한 기획 도구로 인정받
고 있습니다.(특허번호: 제10-1941243호)

실천과 학습의 강조

저는 학생들에게 속지(40장)를 다 사용할 때까지 이 3단계를 꾸준히 실천할
것을 강조합니다. 반복적인 학습과 실천을 통해 이 원리를 내재화하면, 이후
에는 별도의 도구 없이도 웬만한 기획 과제를 수행할 수 있는 중급 기획자의
역량을 갖출 수 있을 거라고 말이죠.

이제부터는 구체적인 활용 방법과 이를 통해 얻을 수 있는 실질적인 성과를 자세히 소개하겠습니다. '생각정리노트'를 통해 생각을 정리하고, 더 높은 생산성과 창의성을 경험해 보시기 바랍니다.

7. '씽커플래너'의 구조

1) 물리적 구조

씽커플래너는 생각정리를 돕기 위해 설계된 도구로, 다음과 같은 물리적 특징을 갖추고 있습니다.

- **표지**: 인조가죽 소재로 제작되어 고급스러움을 더합니다.
- **영역 구성**: 생각 끌어내기, 분류하기, 정리하기를 위한 세 가지 영역이 물리적으로 구분되어 있으며, 속지는 리필형입니다.
  - ✓ **좌측 노트**: 생각 끌어내기와 분류를 위한 B5 크기
  - ✓ **우측 노트**: 정리와 메모를 위한 A4 크기

- **펜꽂이**: 기획자는 여러 가지 색상의 펜을 사용한다는 의미로 2개의 펜꽂이를 부착
  했습니다.

- **속지 노트**: 1단계, 2단계, 3단계로 구성된 맞춤형 속지

1단계 노트(3종)

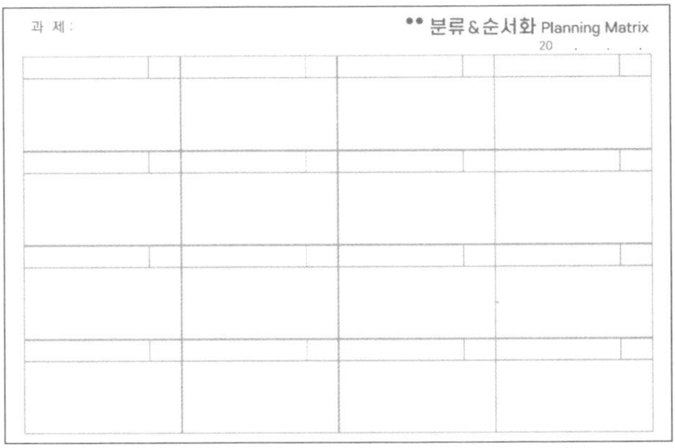

과 제 :
분류&순서화 Planning Matrix
20 . . .

2단계 노트

생각정리&낙서노트
과 제 :
20 . . .
THINKER PLANNER
THINKERPLANNER

3단계 노트

현재 '씽커플래너'는 개인 판매는 하지 않으며, '생각정리 알고리즘' 강좌의 학습 도구로만 제공됩니다. 속지 양식은 최필장군의 블로그(네이버 검색 '최필장군') '자료실'에서 무료로 다운로드할 수 있습니다.

자주 듣는 질문 "생각정리노트를 꼭 사야 하나요?"

반드시 구매할 필요는 없습니다. 누구나 활용할 수 있도록 양식을 공개해 두었기 때문입니다. 그러나 '생각정리 알고리즘' 강좌에서는 노트를 기본 제공하고 있습니다. 이는 강좌 내용을 실천하며 반복적으로 사용해야만 습관화가 가능하고, 이를 통해 배운 것을 내재화할 수 있기 때문입니다.

'명강의는 기억에 오래 남는 것이 아니라, 평생 활용할 수 있는 도구와 습관을 남기는 것'이라고 생각하는데 독자 여러분의 생각은 어떠하십니까?

---

2) 논리적 구조

씽커플래너는 생각정리를 **1단계 끌어내기, 2단계 분류하기, 3단계 정리하기**로 나누며, 각 단계에 맞는 도구(노트)를 제공합니다.

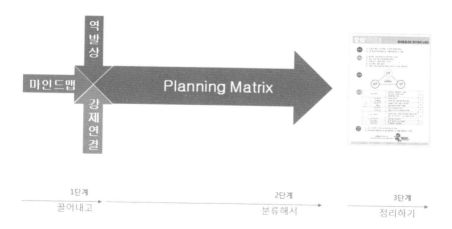

① **생각 끌어내기 영역**: 수많은 창의성 스킬 중 가장 유용한 세 가지 스킬을 활용합니다.

- **강제 연결 노트**: 신제품 개발 등 기발한 아이디어가 필요할 때 적합
- **역발상 노트**: 기존 틀에서 벗어나 새로운 아이디어를 도출할 때 사용
- **마인드맵 노트**: 머릿속에 들어있는 생각을 시각화할 때 사용. 기획의 시작은 시각화! 마인드맵을 생활화하세요.

★ 최필장군의 생각

　– 많은 강사가 마인드맵을 생각 '정리' 도구로 소개하지만, '생각정리 알고리즘'에서는 이를 '끌어내기' 도구로 정의합니다. 그 이유는 기획(생각정리) 과정 전체에서 생각 '끌어내기'는 한 부분에 지나지 않기 때문입니다.

② **생각 분류하기 영역: Planning Matrix**

1단계에서 끌어낸 생각을 체계적으로 분류하는 노트입니다.

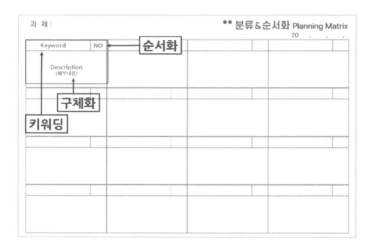

- **키워딩**: 마인드맵 노트에서 핵심 키워드를 가져옵니다. 이때 모든 키워드를 가져오면 오히려 혼란스러워질 수 있으므로, **꼭 필요한 키워드만 선별**하여 가져오면 정리가 훨씬 수월합니다.
- **구체화**: 추출한 각 키워드의 세부 내용을 **요약 정리**합니다. 핵심 키워드에 구

체적인 내용을 덧붙이며, 논리적인 기반을 다지는 단계입니다.

• **순서화**: **글쓰기, 말하기, PT에서 가장 중요한 것은 순서**입니다. 키워드의 순서를 결정하여 논리적인 흐름을 만듭니다. 이때, 전체(숲)를 보면서 부분(나무)을 봐야 자연스러운 순서를 잡을 수 있습니다. 자연스러운 순서를 통해 매끄러운 논리 전개를 만들어야 합니다.

★ **TIP:** '청산유수'는 말의 순서가 막힘없이 매끄러울 때 쓰는 표현입니다. 생각을 순서화하며, 흐름이 끊기지 않는 설득력 있는 결과물을 만들어 보세요.

③ **생각 정리하기 영역**: 2단계에서 분류된 내용을 정리 노트로 옮겨 생각정리를 완성하는 단계입니다. 평소에 떠오르는 생각을 자유롭게 낙서하듯 메모하라는 의미로 '낙서 노트'로 불리기도 합니다.

★ 최필장군의 생각

– 끌어내기, 분류하기, 정리하기의 3단계를 한눈에 볼 수 있도록 시각화한 것
이 '씽커플래너'입니다. 각각의 노트를 따로 사용할 수도 있지만, 효율성을
위해 1단계와 2단계 노트를 동시에 펼쳐 놓고 사용할 것을 권장합니다.
"노트를 찢지 않고 통합적으로 사용하는 것이 생각정리의 효과를 극대화하
는 방법입니다."

생각정리노트의 활용과 중요성

생각정리노트는 단순한 노트 그 이상입니다.

각각의 페이지는 독립적으로 활용할 수 있지만, 전체를 한눈에 조망하며
생각을 정리할 수 있는 구조로 설계되어 있어 효율성을 극대화하였습니다.

무엇보다 반복적인 훈련을 통해 생각정리를 습관화하는 것이 중요합니다.
이는 학업 성취도를 높이는 데 도움을 줄 뿐만 아니라, 훗날 실무에서도 탁
월한 성과를 발휘토록 할 것입니다.

이제 '씽커플래너'를 활용해 **생각을 끌어내고, 분류하며, 정리하는 방법**을
실제 예시를 보면서 알아보도록 하겠습니다.

8. 생각정리 1단계: 끌어내기(시각화)

생각정리의 첫 단계는 '생각 끌어내기'입니다. 이 단계는 떠오르는 생각을 꺼내어 눈으로 확인할 수 있게 시각화하는 과정입니다(필자는 수많은 창의성 스킬 중 오랜 경험을 통해 가장 유용하다고 판단된 세 가지를 엄선하여 소개합니다).

활용하는 3가지 스킬(노트)

- **강제 연결**: 기발한 아이디어가 필요할 때 사용.
- **역발상**: 기존의 틀에서 벗어나 새로운 관점을 발견하고자 할 때 사용. 강제 연결과 동일한 상황에서 활용 가능.

  위의 두 가지 노트 양식은 최필장군 블로그(네이버 검색 '최필장군') '자료실'에서 다운로드 가능.

- **마인드맵**: 머릿속에 들어 있는 생각을 키워드 중심으로 시각화할 때 사용. 일상적인 생각정리에서 기본적으로 사용하는 도구로, 다양한 주제를 정리하는 데 가장 효과적입니다.

마인드맵의 활용: 자기소개 스피치 예시

「창의성 스킬」 편에서 세 가지 스킬에 대해 이미 자세히 다뤘기 때문에 여기서는 마인드맵을 활용한 실제 예시만 소개합니다(예시는 '**최필장군의 자기소개 2분 스피치**'를 작성하는 과정으로, 학생들 앞에서 강사를 소개하는 상황을 가정하여 작성되었습니다).

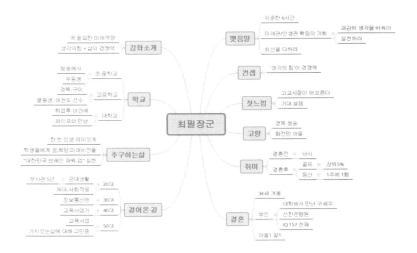

중심 주제어 '최필장군'을 중심으로 관련된 모든 생각을 최대한 많이 끌어 냅니다. 생각은 적은 것보다 많은 게 낫습니다. 필요 없는 내용은 나중에 솎아 내면 되니까요.

마인드맵이 웬만큼 그려졌다면, 자기소개에 포함할 핵심 항목을 선택합니다. 체크 또는 동그라미를 그리는 등 자신의 스타일대로 표시합니다. 이 작업을 통해 2단계(분류하기) 과정이 훨씬 수월해집니다.

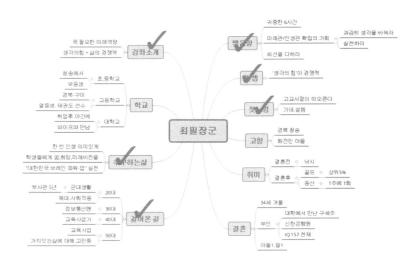

실천의 중요성

마인드맵은 기본적이면서도 강력한 생각 '끌어내기' 도구입니다. 이 책의 독자 여러분도 자신의 1분 스피치 마인드맵을 직접 작성해 보시길 권합니다. 반복적인 훈련을 통해 '생각정리 알고리즘'을 익혀야 합니다. 이해만으로는 충분하지 않으니, 눈으로 보기보다 직접 실천하는 것이 백 배 중요합니다.

"다 안다." 병을 조심하세요.

머리로만 이해하는 것은 착각일 뿐입니다. 자전거를 배울 때 넘어지고 반복적으로 연습하며 익히는 것처럼, '생각정리 알고리즘'도 실천을 통해 몸에 익혀야 비로소 자신의 것이 됩니다.

다음 단계에서는 **분류하기 영역**을 통해 끌어낸 생각을 체계적으로 구조화하는 방법을 배워 보겠습니다.

9. 생각정리 2단계: 분류하기(구조화)

'생각정리 알고리즘'의 핵심은 바로 2단계, **생각 분류하기**입니다.

이 단계는 단순히 생각을 끌어내는 데서 멈추지 않고, 이를 체계적으로 **분류하고 구조화하여 실행 가능한 형태로 전환**하는 과정입니다. 이는 일반적인 창의성 도구들이 제공하지 못하는 Planning Matrix의 독창적인 기능 덕분입니다.

Planning Matrix의 탄생 배경

기존 창의성 도구(예: 마인드맵, 만다라트, 피쉬본)도 일부 분류 기능을 제공하지만, 대개 키워드 중심의 정리에 그칩니다. 이들 도구는 체계적인 **구체화**와 **순서화** 기능이 부족합니다.

비유

옷장에서 옷을 꺼내 방바닥에 펼쳐 놓는 것은 단순히 '끌어내기'일 뿐, '분류하기'라고 할 수 없습니다. 대부분의 창의성 도구는 생각을 꺼내는 데는 유용하지만, 이를 구조화하여 실행할 수 있는 형태로 발전시키는 데에는 한계가 있습니다. **Planning Matrix**는 이러한 한계를 극복하기 위해 창안되었습니다(창안 원리에 대한 더 자세한 내용은 **별첨의 발명 특허 요약 설명**을 참조하세요).

Planning Matrix의 기능

① 키워딩
- 체크한 주요 키워드를 Planning Matrix로 가져옵니다.
- 불필요한 키워드는 제외하고, 핵심적인 키워드만 선정하세요.
  - ★ TIP: 키워드 선정 시 너무 많은 것을 포함하려 하지 마세요. 핵심을 잡는 것이 분류 작업을 더욱 수월하게 만듭니다.

② 구체화
- 각 키워드에 대한 세부 내용을 간단명료하게 추가합니다.
- 핵심 내용을 직관적으로 작성하세요.

③ 순서화
- 구체화된 내용을 기반으로 말하기/글쓰기 순서를 결정합니다.
- 전체를 한눈에 보며 자연스러운 흐름을 만들어 냅니다.
  - ★ TIP: 여러 번 반복해 검토하세요. 처음부터 완벽을 기대하기보다는, 물 흐르듯 매끄러운 느낌이 들 때까지 다듬는 과정을 반복하세요.

실습: 분류 작업 예시

① 주요 키워드 선택

1단계에서 작성한 마인드맵에서 주요 키워드에 체크를 해 두었다면, 이를 **Planning Matrix**로 가져옵니다.

② 키워드 구체화

각 키워드에 대해 세부 내용을 작성합니다. 요점만 명확히 표현하는 게 중요합니다.

③ 순서 결정

키워드를 보면서 논리적인 흐름을 최적화해 나갑니다. 전체 흐름을 살피면서
필요에 따라 순서를 조정하세요.

반복 검토의 중요성

분류 과정은 단 한 번으로 끝나지 않습니다. **반복 검토와 다듬기**를 통해
생각의 흐름이 자연스럽게 연결되도록 수정하세요.

"물이 흐르듯 매끄럽게 연결된 순서를 만들 때까지 반복하세요."

2단계 **분류하기**는 생각이나 아이디어를 단순히 나열하는 것이 아니라, 이
를 **구조화하여 실행 가능한 형태로 발전**시키는 중요한 단계입니다.

Planning Matrix를 활용하면 **생각을 체계적이고 효율적으로 분류하고
정리**할 수 있으며, 이를 통해 사고의 흐름을 자연스럽게 연결할 수 있습니
다. 반복적으로 사용하다 보면 Matrix의 형식에 얽매이지 않고 **자유롭게 활
용**할 수 있는 수준에 이르게 될 것입니다.

10. 생각정리 3단계: 정리하기

생각정리의 마지막 단계인 '정리하기'는 2단계에서 분류한 내용을 기반으로 **논리적 순서에 따라 매끄럽게 정리**하는 과정입니다. 이 단계에서는 별도의 복잡한 프로세스가 필요하지 않습니다. 중요한 것은 **전체 흐름과 연결성**을 살피며 자연스럽게 내용을 정리하는 것입니다.

최필장군의 자기소개 예시는 정보통신 분야에서 창의성 전문가로 전환한 계기와 14년간의 노하우를 소개하며 학생들에게 영감을 줍니다. 스피치는 **AI 시대에 필수적인 '생각의 힘'을 강조**하고, 실천의 중요성을 역설하며 마무리됩니다.
이처럼 자기소개와 같은 짧은 글에서도 중심 메시지에 따라 정리의 흐름과 표현 방식이 달라질 수 있다는 점을 유념하며 예시를 읽어 보시기 바랍니다.

예시 1: 최필장군 자기소개 2분 스피치

오늘 하루를 여러분과 함께할 생각에 기쁜 마음으로 달려온 강사, 『The 생각정리 알고리즘』의 저자 '최필장군'입니다. 반갑습니다!

14년 전 어느 날,
잘나가던 정보통신맨이 창의성 분야 전문가이자 고교 13년 선배님의 책을 한 권 읽고 과감히 인생 항로를 바꾸기로 마음을 먹게 됩니다. 왜 그랬을까요? 책을 읽는 내내 저는 큰 충격을 받았습니다. 정보통신 기술이 최고라는 자부심으로 살아가던 저에게 '창의성'이란 단어가 가슴에 새로운 불을 지폈기 때문입니다. 심장은 두근거렸고 한 번도 생각해 보지 못한 청사진이 머릿속에 그려지면서 이내 새로운 길을 개척할 추진체에 시동을 걸었지요. 그렇게 한길을 달려온 지 어느덧 14년이 되었습니다.

오늘 여러분에게 풀어놓을 내용은 10여 년간 쌓아 온 최필장군의 특급 노하우입니다. AI와 인간이 공존하는 시대에 꼭 필요한 역량, '생각의 힘'을 키워서, 단순히 성적을 높이는 차원을 넘어 전략가가 갖춰야 할 미래 핵심 역량을 전수하는 시간이죠. 여러분, 기대되지 않습니까?

여러분은 오늘 어떤 마음으로 이 자리에 왔습니까? 선생님이 들으라 해서? 공부 좀 잘해 보고 싶어서? 아니면 좋은 기업에 취업하고 싶어서? 예, 다 좋습니다. 하지만 여러분의 생각이 그런 단순한 수준에 머물러선 곤란합니다.

오늘 여러분은 대기업 임직원들조차 들어 본 적 없는 '생각정리 알고리즘'을 여러분의 삶에 적용하고 성과를 높이기 위한 구체적인 방법을 배우게 됩니다. 따라서 오늘 이 시간을 여러분의 미래관/인생관까지 새롭게 세울 절호의 기회로 삼아도 무리가 없을 것이니 부디 잘 소화해서 미래의 '필살기'로 장착하길 바랍니다.

끝으로 부탁 하나 하겠습니다.
강사가 뭘 열~심히 했다고 바뀌는 건 없습니다. 중요한 건 여러분의 '실천'이죠. 오늘 배울 내용을 습관화하여 일상에서 꾸준히 실천한다면 여러분의 미래는 환하게 빛날 것입니다. 여러분, '실천', 두 글자를 가슴에 새기세요. 그리하여 최필장군을 넘어서는 Planner가 되길 바랍니다. 따라 합니다. 실천! 들이대!!

글의 주제가 변경되면, 다음과 같이 전체 흐름과 강조점이 달라질 수 있습니다. 다음은 '최필장군 성장사'를 주제로 작성한 예시입니다(『도끼질만 하다 죽을래?』의 예시를 다시 사용하였음).

과 제 :   [20   년   월   일]

소년기 ①	청소년기	적응기 ③	도전기 ④
- 12살, 엄마의 죽음 - 변화의 시작	- 공부 싫어 - 운동에 올인 무의미	- 현장 막노동　목표 - IMF 사태	- 원점에서 시작 - 피나는 2년의 독학, 열공
취미	군대생활 ②		사회 초년생 ⑤
- 30대 중반까지 : 낚시 - 30대 중반 이후 : 골프	- 의미 없는 5년 - 술		- 꿈에 그리던 무대 : IT - 대전 이남 최고의 SE - 결혼
	인생2막 ⑥	황혼기 ⑦	
	- 완벽히 버려라 - 난관 속에서 한 길 걷기 - 가성비 높여주는 비즈니스	- 학교가 못하는 일 - 사회공헌	

Designed by Goodidea Corp.   ThinkerPlanner Type4 Sheet

※ P Matrix로 분류하는 과정에서 이전에 없던 키워드가 만들어지기도 합니다.

예시 2: 최필장군 성장사

어머니가 하늘나라로 떠난 후 천방지축이던 12살 시골 소년은 조금씩 철이 들어 가기 시작했다.

홀로 사색을 즐기던 시골 소년은 어느덧 장성하여 5년의 긴 군 복무까지 마친 26살의 청년이 되어 있었는데…. 하지만 안타깝게도 그때까지의 삶 어디에서도 미래에 대한 '희망'이라곤 찾아볼 수 없었다. 철은 들었을지 몰라도 아직 진로 목표가 정해지지 못했기 때문이었다.

인생 최고 황금기인 20대에 건설 현장 막노동으로 2년의 세월을 허비하던 희망 없는 삶은 IMF라는 대혼란기를 맞으면서 전환점을 맞게 되었다.

'이렇게 살아 뭐하지?'를 몇 달째 고민하던 어느 날, 더 이상 무의미한 삶을 지속할 수 없다는 생각에 다다르게 되는데 바로 이 무렵, 내가 진정으로 하고 싶은 일, **정보통신 분야의 전문가**가 되겠다는 꿈을 이루기 위한 도전이 비로소 시작되었다(28살 늦가을).

2년여의 독학의 시간이 흘러 어느덧 2000년 2월 1일.

고졸의 학력으로 정보통신업계에 입문하게 된다. 이후 전력을 다해 공부에 매진한 결과 **'대전 이남 최고의 Networker'**로 불렸을 만큼 비약적으로 성장해 갔고, 35살에는 야간대학도 졸업하게 된다. 또한 인생의 동반자인 아내도 이 시기에 만나 결혼에 골인하니 나의 30대는 그야말로 **비약적인 성장의 10년史**가 아니고 무엇이겠는가!

"창업을 하려거든 마흔 전에 저질러라."라는 당시 IT업계의 불문율에 따라 서른아홉 되는 해 봄에 인생 제2막, 창업을 결심한다(2009년 4월). 재미난 것은 10년 동안 쌓아 왔던 모든 것을 깡그리 버리고 새로운 업종을 선택했다는 점인데 그 일이 바로 현재 몸담고 있는 일이다. 어려운 여건 속에서도 '한길'을 걸어온 지금, 이 분야에서도 하나하나씩 새로운 역사를 써 나가고 있는데, 교육계에서는 좀처럼 보기 힘든 특허를 보유한 점이 그 증거 중 하나이며, 창의에서 기획까지 아우르는 전문 서적을 출간하는 것이 그 두 번째 증거이다.

세상을 움직이는 것은 결국 사람의 '**생각**'이다.

나는 사람의 '생각'을 키우는 일을 하고 있다. 이보다 더 의미 있는 일이 세상에 또 있을까? 해서 나는 죽는 날까지 이 일에 올-인 할 작정이다. 학교에서 가르치지 않는 공부, 시대가 원하는 핵심 역량을 키워 주는 독보적인 교육회사로 만들어 가는 것이 나의 사명이라 생각한다.

다가올 미래는 또 어떻게 살아가는 것이 더 가치 있고 의미 있는 삶일까를 계속 고민하고 있다. 부디 하늘이 굽어살피시길 바랄 뿐이다.

성장사는 **IMF 시기의 고민**에서 시작해 정보통신 전문가로 도약하고, 창업을 결심하기까지의 여정을 담아 보았습니다. **비약적인 성장의 10년**과 창의성 분야로 전환한 도전기를 중심으로, 현재의 사명과 미래를 향한 고민으로 이야기를 자연스럽게 이어 나갔는데, 흐름이 자연스러운 거 같나요?

정리 단계의 핵심: 순서와 흐름

- 정리 단계의 핵심은 **매끄러운 연결을 통한 자연스러운 흐름**입니다.
- 키워드의 순서를 기반으로, 물 흐르듯 자연스러운 글을 완성하세요.
- 최종 결과물이 뭔가 부자연스럽다면, 2단계로 돌아가 **순서**를 다시 점검해 보세요.

정리 단계는 단순히 문서를 작성하는 과정이 아닙니다. 이는 생각을 체계적으로 발전시키고, 논리적이고 매끄러운 글이나 말을 완성하는 데 필수적인 과정입니다. 정리된 결과물이 명확하고 설득력을 가질 때, 비로소 생각정리가 완성되었다고 할 수 있습니다.

11. 3단계 생각정리 예시 1: 강의 커리큘럼 짜기

강의 기획은 단순히 주제를 나열하는 것이 아니라, 체계적인 과정을 통해 논리적이고 실행 가능한 플랜으로 발전시키는 작업입니다. 여기서는 최필장 군이 '생각정리 알고리즘' 강의를 어떻게 기획하는지 간단한 예시를 통해 살펴보겠습니다.

① 생각 끌어내기(마인드맵)

모든 과제는 떠오르는 생각을 시각화하는 단계에서 시작합니다. 마인드맵을 활용해 주제와 관련된 모든 생각과 아이디어를 자유롭게 펼치고, 이를 한 눈에 볼 수 있게 시각화합니다.

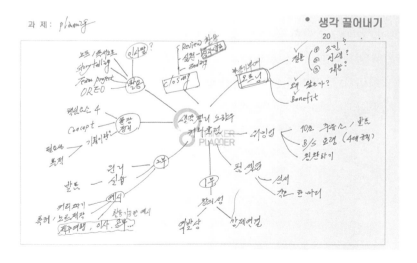

② 생각 분류하기(P Matrix)

키워딩, 구체화, 순서화 과정을 통해 구조화합니다.

과 제 :   ** 분류&순서화 Planning Matrix
                                                   20 . . .

오프닝	1	Closing	9	1부-창의성	4	2부-생각정리 알고리듬	5
·참관 → 동기부여		·정리 Review → 정리		·창의성 → 혁신		·생각 3단계 / 노하우 소개	
준비이래?		·실천하라 → 문자생활		·집단지성 건물 쌓기		·핵심소개	
		·선물		·역발상 ① PMI		·실습 / 훈련	
첫 만남	2	3부-One page	6	3부-활동 워크숍	7	기타	8
·집중하여 ·구조화되고		·기획 4요소		·공부/공간 ·DREO		·구현성 생생정리	
·선서 ·갖고갈 자리		·컨셉 ·프레임		·효율적인 ·인사법 ·스토리텔링		노하우	
커리큘럼	3	강의실 이야기					
·10초 주목소 → 힌트		·실무		(진짜상황에 맞춰			
─ 헝드러 ·명찰		·아직은 신뢰		유연하게 진행)			
(추장해 피)							

③ 정리하기

분류한 내용을 논리적이고 자연스러운 순서로 배치하여 최종 결과물을 완성합니다. 아래는 이 과정을 통해 작성된 '생각정리 알고리즘' 강좌의 커리큘럼 결과물입니다.

창의성 깨우기		- 드림팀 만들기 - 창의성 정의 / 창의성이 존재하는 곳	1시간
1단계 생각 끌어내기	조직 창의성	- 두뇌 워밍업 / 자유롭게 상상하고 자신 있게 표현하라. - 화합&협업 / 집단지성을 발휘하는 노하우	1시간
	천재 따라잡기 1	- **3단계 생각정리원리** - 자유롭게 상상하기 & 연결을 통환 사고의 무한확장	1시간
	천재 따라잡기 2	- 천재를 뛰어 넘는 역발상 비법	1시간
	생각의 시각화	- 머릿속 생각을 한 장의 생각지도로 !	
2단계: 생각 분류하기		- **생각 구조화**(키워딩 / 구체화 / 순서화)	1시간
3단계: 생각 정리하기		- 3 단계 생각정리 마무리 & 발표	
기획의 정석		- 상대로부터 **납득**을 끌어내는 '한 장' 기획서	
과정 마무리		- 전 과정 요약정리 / **일상에서 생각정리노하우 활용하기** ＊ 일등급 공부법 / 한 장 정리 독서법 / 프로젝트 기획 ＊ 생생하게 전달하는 스토리텔링 / 하버드식 논리적 글쓰기	1시간

'생각정리 알고리즘'을 배우지 않은 사람들은 보통 중간 과정을 생략한 채 곧바로 정리 단계로 넘어갑니다. 그 결과, '쓰기 → 지우기 → 찢어 버리고 다시 쓰기'를 반복하며 작업이 비효율적으로 진행되곤 합니다.

반면, '생각정리 알고리즘'을 익힌 사람들은 3단계 프로세스를 자연스럽게 따르면서 체계적인 결과를 **'한 번에'** 완성합니다.

- **1단계**: 아이디어를 시각화하여 전체 맥락을 파악
- **2단계**: 아이디어를 분류하거나 새로운 키워드로 통합하는 구조화 단계
- **3단계**: 분류 순서대로 정리하여 실행 가능한 플랜으로 완성

이 과정을 통해 플래닝이 훨씬 효율적이고 체계적으로 이루어질 수 있습니다.

12. 3단계 생각정리 예시 2: 특허출원서 작성

이번에는 **생각정리노트 '씽커플래너'**의 특허 출원서를 작성하는 과정을 살펴보겠습니다.

① 생각 끌어내기(마인드맵)
과제가 복잡하거나 난이도가 높더라도 정리 방식은 동일합니다.
연관된 모든 생각과 내용을 자유롭게 끌어내어 시각화합니다.

과제가 복잡할수록 다양한 아이디어와 정보를 끌어내는 것이 중요합니다. **내용이 많아도 괜찮습니다.** 이후 2단계에서 체계적으로 분류(구조화)하면 되니까요(『도끼질만 하다 죽을래?』의 예시를 다시 사용하였음).

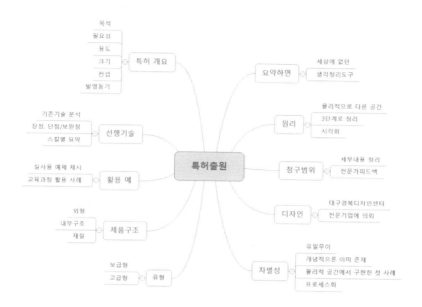

② **생각 분류하기**(P Matrix)

- 기획 과제가 복잡할 경우, 필요한 만큼 **여러 장의 P Matrix**를 사용하면 됩니다.
- 특허출원서의 경우, 기본 서식과 항목은 이미 정해져 있으므로, 전문가의 조언을 통해 **주요 항목과 목차를 먼저 파악**하는 것이 중요합니다.
- 따라서, 순서보다는 **내용을 충분히 보완**하는 데 집중해야 합니다.

과 제: 씽커플래너 특허출원서 작성 [20 년 월 일]

요약하면	청구범위	고안의 효과	도면&설명
세상에 없는 생각정리노트 <씽커플래너>	- 제시 가능한 모든 항목 작성 후 전문가에게 의뢰	- 쓰는 것 만으로 창의.기획.문제해결력 을 높여줌	- 외형/내부 디자인 - 실제 사이즈 - 재질 등
디자인	**세부용도**	**원리**	**선행기술 설명**
- 컬러 : 기본3색 - 속지 : 디자인 의뢰	- 일반적 생각정리 - 기획/문제해결 - 글쓰기/말하기 - 아이디어 도출	- 시각화 - 3단계 프로세스 →꺼내고, 나누고, 정리	- 창의성스킬 정리 - 관계 있는 것만 - 장,단점 기술
발명동기-why?	**창안의 목적**	**제품 유형**	**제품 구조**
- 현실태 - 문제점/보완해야 할 점	- 생각정리 단순화 - 기획/창의력 up - 누구나 쉽게	- 일반→보급형 - 고급→대학생 - 전문→기업	- 커버:노트/펜꽂이 - 속지: 5종 입맛대로 골라
필요성	**핵심 컨셉**	**활용 예**	
- 대한민국교육 실태 - 말이 아닌 실천 가능한 도구 필요	- 적어야 산다 ! - 적는 자가 이긴다.	- 끌어내기 3 - Matrix - 정리	

과 제: 씽커플래너 특허출원서 작성 [20 년 월 일]

생각 끌어내기	생각 구체화노트	생각 정리노트	
- 마인드맵 - 강제연결 - 역발상	- 독창적으로 창안 - 분류/구체화 - 순서화	- 최종정리 - 낙서 - 정리 마무리	
차별성/진보성			
- 여러 도구를 동시사용 - 시각화 - 단순화/프로세스화 - 세상에 존재하지 않음			

③ 정리하기

분류된 내용을 특허출원서의 기본 포맷에 맞게 옮겨 적으면 작성이 마무리됩니다.

다음 사진은 2019년에 『도끼질만 하다 죽을래?』를 집필하는 과정에서 최필장군이 생각을 끌어내고, 분류하고, 정리하는 과정을 통해 만들어진 부산

물들입니다.

　명심하세요. 1단계와 2단계를 거치지 않고 곧바로 정리 단계로 직행하는 실수를 범하지 마세요. 생각은 단계적으로 정리해야만 체계적이고 완성도 높은 결과물을 만들어 낼 수 있습니다.

4장

한 페이지로 정리하기

여러 장짜리 기획서를 작성하기가 쉬울까요?

아니면 한 장짜리 기획서를 작성하기가 쉬울까요?

사람마다 다를 수 있지만

확실한 것은

기획서를 검토하는 상사로선 '한 장'짜리 기획서를 더 선호한다는 사실입니다.

최근 잘나가는 글로벌 기업들 사이에서는

Zero PPT 분위기가 확산하고 있다는 사실을 알고 계시는가요?

핵심은 **본질**에 충실한 기획에 있습니다.

본질이란 무엇일까요?

바로 **핵심**을 명확히 하라는 의미입니다.

핵심이 잘 담긴 '한 장' 기획서는 그 자체로 강력한 무기입니다.

불필요한 정보를 배제하고, 본질에 집중하여 핵심만 담아내는 기술이야말로 효율적이고 설득력 있는 기획의 시작입니다.

1. 왜 '한 장'인가?

도요타는 이미 1960년대 중반부터 '한 페이지' 보고를 통해 업무 효율성을 극대화해 왔습니다.

반면, 과거 우리나라 기업들은 두꺼운 보고서를 선호했습니다. 두껍고 복잡해야 일을 많이 한 것처럼 보인다는 인식 때문이었습니다. 그러나 최근, 공공기관을 포함한 많은 조직이 '한 페이지 기획서/보고서'를 선호하는 긍정적인 변화를 보입니다.

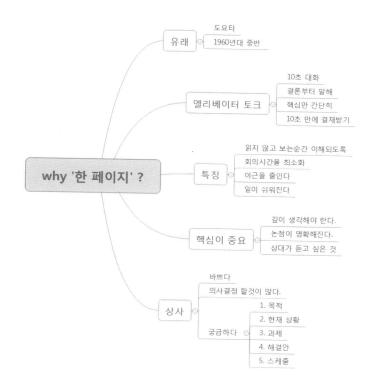

왜 '한 장'인가?

생각정리가 필요한 이유는 무엇일까요? 왜 하필 두 장도 아닌 '한 장'으로 정리해야 할까요?

답은 간단합니다. **일(공부)을 더 잘하기 위해서입니다.**

장황한 내용은 핵심 파악을 어렵게 만듭니다. 핵심이 명확하지 않으면 의사소통에 혼선이 생기고, 조직은 목표와 다른 방향으로 나아가게 됩니다.

조직이 목표를 향해 일사불란하게 움직이기 위해서는, 메시지가 짧고 명확하며 핵심이 한눈에 드러나야 합니다.

'한 장'으로 요약한다는 것의 의미

- 작성자가 **핵심을 깊이 고민했다는 증거**입니다.
- 논점이 명확해지고 혼선이 줄어들며, 업무 효율이 극대화됩니다.

'한 장'의 필요성: 상사와의 의사소통

상사는 항상 바쁩니다.

그들은 수많은 의사 결정을 내려야 하므로, 기획서나 보고서를 제출할 때는 **짧고 명확하게 전달**하는 것이 중요합니다. 특히 외부 활동이 잦은 상사와 만날 때는 제한된 시간 안에 결재받을 수 있도록 철저히 준비해야 합니다.

엉성한 기획서로 결재를 요청했다가는 오히려 **'일 못하는 사람'**으로 낙인찍힐 위험이 있습니다.

엘리베이터 토크의 교훈

'엘리베이터 토크'를 들어 보셨나요?

1층에서 엘리베이터를 타고 5층에서 내리기까지의 짧은 시간 동안 핵심을 전달하고 OK를 받아 내는 대화 기술을 의미합니다.

이 방식은 단순히 상사와의 대화에만 필요한 기술이 아닙니다. 모든 메시지는 핵심만을 담아 짧고 명확하게 전달할 수 있어야 합니다.

모든 메시지는 한 장으로

'한 장 기획서'를 작성하는 기술은 단순한 서류 작성법 그 이상입니다.

이 기술은 효율적인 의사소통, 명확한 의사소통, 그리고 업무 신뢰성을 보장하는 강력한 도구입니다.

핵심을 명확히 담아내는 '한 장 기획서'는 그 자체로 설득력과 경쟁력을 갖춘 무기입니다.

 # 2. '한 장'의 핵심 요소

기획서: 설득의 도구

업무 과정에서 접하는 문서 대부분은 사실상 기획서입니다. 특히 기획서는 주로 부하 직원이 작성해 상사에게 보고하는 형태로 사용됩니다. 따라서 기획 능력은 상사가 부하 직원의 역량을 판단하는 중요한 기준이 됩니다.

기획서의 목적: 설득

기획서의 목적은 단 하나, 바로 **설득**입니다. 그리고 그 설득의 대상은 바로 상사입니다.

- 상사를 설득하기 위해서는 철저하고 논리적인 기획이 필수입니다.
- 까칠한 상사일수록 논리적이고 분석적인 사고를 갖고 있으며, 설득에 더 높은 기준을 요구합니다.
- 단순히 주장하는 것이 아니라, 상사가 '**납득**'하도록 만드는 것이 설득의 핵심입니다.

설득의 핵심은 '납득'

상사를 설득하려면 **그들의 납득**을 끌어내야 합니다. 단순히 나 혼자 열심히 말하는 것은 설득이 아니라 강요일 뿐입니다. 이런 경우 상사에게는 그저 '소음'으로 들릴 가능성이 높습니다.

설득은 논리적이고 조리 있는 말과 문서를 통해 이루어집니다.
논리적 구조를 갖춘 기획서는 설득력 있는 의사소통의 기본입니다.

설득의 기본 구조: Why, What, How, Vision

효과적인 설득을 위해 모든 기획 문서나 제안은 다음 네 가지 요소를 포함해야 합니다.

① **Why:** 문제의 본질과 필요성

② **What:** 해결책 또는 제안 내용

③ **How:** 실행 방안

④ **Vision:** 기대 효과

이 네 가지 요소 중 하나라도 빠지면 설득력은 크게 떨어지게 됩니다.

씽커플래너를 통한
Why-What-How-Vision의 예

① What: **해결책/제품**
- 세상에 없던 특허받은 노트, '생각정리노트 씽커플래너'를 소개합니다!
- 이것은 단순한 노트가 아니라, 생각을 정리해 더 똑똑한 사람으로 만들어 주는 혁신적인 도구입니다.

② Why: **필요성**
- 대한민국의 교육과정에는 창의력(사고력, 기획력, 문제 해결력 등)을 키워 주

는 과정이 부족합니다.
- 많은 사람이 열심히 공부하거나 일하지만, 성과가 미미해 스트레스를 받습니다.
- 이 노트는 이러한 문제를 해결하기 위해 창안된 도구입니다.

③ How: **어떻게?**
- 3단계 생각정리 원리(끌어내기/분류하기/정리하기)가 체계적으로 설계된 세 가지 노트가 포함되어 있습니다.
- 사용자는 이 순서를 따르기만 해도 자연스럽게 생각이 정리됩니다.

④ Vision: **기대 효과**
- 생각을 잘 정리하는 사람은 의사소통이 명확하며, 더 높은 성과를 창출합니다.
- 이 노트는 생각정리 능력을 강화해 지금보다 훨씬 똑똑하고 효율적인 사람이 되도록 도와줍니다.

여러분은 지금까지의 방식을 계속 고수하시겠습니까?
아니면 더 똑똑하게 사는 길을 선택하시겠습니까?

★ TIP: 유연한 순서 조정

Why와 What의 순서는 상황에 따라 유연하게 변경할 수 있습니다.

- 예를 들어, 문제의 본질(Why)을 먼저 설명하거나, 제안 내용(What)을 바로 제시할 수 있습니다.
- 순서는 문서 작성자의 논리 전개 방식과 설득 대상의 성향에 맞게 유연하게 조정하십시오.

What-Why-How-Vision 형식이 적용된 실제 업무 현장의 기획서 예시를 하나 더 보도록 하겠습니다.

예시: 기획 팀 1박 2일 제주도 워크숍 기획안

- **상황**: 기획팀은 최근 중요 프로젝트를 성공적으로 마무리했지만, 업무 피로가 누적된 상태. 이를 해소하고 팀의 결속력과 창의성을 강화하기 위한 워크숍이 필요함을 느낌.

- **컨셉**: 재충전&조직 창의성 강화

- **요청 사항**(말로 표현하면):

항목	세부 내용
What (결론)	본부장님, 이번에 기획 팀 전원이 1박 2일 팀 워크숍을 다녀오면 좋겠습니다. 성공적인 프로젝트를 마친 팀원들에게 재충전의 기회를 제공하고, 다음 목표를 구체화하는 시간을 가졌으면 합니다.
Why (이유)	그동안 프로젝트 일정에 맞춰 모두가 최선을 다했으며, 팀워크가 더욱 중요해진 시점입니다. 새로운 환경에서 아이디어를 나누고 팀워크를 강화할 시간이 필요합니다. 이 워크숍을 통해 다음 프로젝트에 대한 혁신적인 아이디어를 얻을 수 있게 해 주십시오.
How (세부 내용)	워크숍 장소는 물색하고 있습니다. 첫째 날은 팀 내 소통과 결속을 다지는 활동을, 둘째 날은 다음 프로젝트 관련 브레인스토밍 세션을 계획했습니다. 허락해 주시면 예산과 일정을 효율적으로 구성하여 구체적인 플랜을 준비하도록 하겠습니다.
Vision (기대 효과)	워크숍을 통해 기획 팀의 결속력은 더욱 강화될 것이며, 다가오는 프로젝트에 필요한 창의적 아이디어도 확보할 수 있을 것입니다. 이를 계기로 팀원들이 더 높은 몰입도로 업무에 임할 것입니다.

이 내용을 문서화하면 다음 형식의 기획서가 만들어질 것이다.

기획팀 1박2일 팀워크숍 요청(안)

제목 : "Refresh the Brain"
기획팀 1박2일 제주도 워크숍 요청서　　　　　What

1. 요청의 배경 및 목적

Why

- 추진 배경

기획팀은 성공적인 프로젝트를 마친 후 재충전과 창의적 사고의 전환이 필요한 시점입니다. "Refresh the Brain"이라는 컨셉으로 팀원들이 새로운 환경에서 휴식과 창의적 발상을 동시에 경험할 수 있는 기회를 제공하고자 합니다.

- 목적
  - 재충전: 업무에 몰입했던 팀원들에게 신선한 환경에서 에너지를 재충전할 기회를 제공합니다.
  - 창의성 강화: 워크숍을 통해 팀원들이 창의적인 아이디어를 발굴하고 향후 목표를 구체화하는 시간을 마련합니다.

2. 세부 일정계획

How

일정	세부 계획
1일차	팀 결속력을 다지는 소통 활동 및 팀 미션 프로그램 진행
2일차	프로젝트 관련 브레인스토밍 세션 및 향후 목표 설정 워크숍

3. 기대 효과

Vision

- 팀 내 유대감을 높여 더 효과적인 협업 환경을 조성할 수 있습니다.
- 창의적 아이디어와 인사이트를 통해 차기 프로젝트의 성과를 향상시킬 수 있습니다.
- 재충전을 통해 팀원들의 업무 몰입도가 상승하여, 향후 목표 달성에 긍정적인 영향을 미칠 것입니다.

 # 3. 기획의 핵: Concept

패션쇼나 전시회에서 우리는 종종 '컨셉(Concept)'이라는 단어를 접합니다. 의상 디자이너나 전시 기획자는 새로운 제품이나 작품을 소개할 때 반드시 컨셉부터 언급하죠. 이는 패션쇼에서 보이는 모든 요소가 해당 의상의 컨셉을 표현하기 위해 존재하며, 신차 전시회 역시 컨셉을 중심으로 해설이 이루어지기 때문입니다.

컨셉이란 무엇인가?

컨셉은 창의성처럼 기획자마다 다르게 정의하지만, 『기회의 99%는 컨셉으로 만든다』의 저자 탁정언의 정의가 가장 설득력 있게 다가옵니다.

> 기획의 방향을 나타내는 함축적인 한마디
>
> # Concept

컨셉은 기획의 구심점입니다. 듣는 순간 해당 기획이 어떤 방향으로 전개될지 즉각적으로 연상할 수 있어야 합니다.

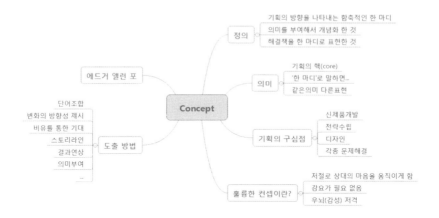

컨셉과 기획의 관계

글쓰기 대가 에드거 앨런 포는 이렇게 말했습니다.

"짧게 쓰되 모든 문장이
그 테마와 일맥상통해야 한다."

여기서 '**테마**'를 컨셉으로 이해할 수
있습니다.

이 원칙은 기획에도 그대로 적용됩니다.
즉, 컨셉과 관련 없는 내용은 기획서에
절대 포함하지 말아야 한다는 의미입니다.

'컨셉 한 방향 정렬'된 기획의 사례

컨셉은 기획의 모든 요소를 한 방향으로 정렬할 수 있도록 만듭니다. 예를
들어, "나와 결혼해 줘."라는 청혼의 메시지를 경상도 사투리로 **"내 아를 낳
아도."**라는 컨셉으로 표현했다고 가정해 보겠습니다. 이 컨셉을 중심으로:

식당 이름 / 주요 고객 / 마케팅 아이디어 / 홍보 메시지

등 기획의 모든 요소가 컨셉을 중심으로 자연스럽게 한 방향 정렬됩니다.

식당 매출증대를 위한 아이디어 기획

✓ 식당 이름 : [선녀와 나무꾼] - Propose 전문 럭셔리 퓨전한정식
✓ 주고객 : 결혼을 앞 둔 열애커플   ✓ 컨셉 : "내 아를 낳아도"
✓ 핵심 아이디어

　　1) 한 번에 OK 받는 기상천외 프로포즈 이벤트

　　2) 서로 먹여줘야 먹을 수 있는 이색 메뉴

　　3) 특별한 서비스 : 약혼 증명서 발급

✓ 홍보 메시지 :'니 아를 낳아줄 선녀'가 필요한 나무꾼들이여, 여기로 오라 !!!

컨셉의 강력한 힘

컨셉은 기획의 핵심 요소인 **Why, What, How, Vision**을 한마디로 압축한 것입니다.

훌륭한 컨셉은 상사, 고객, 소비자의 마음을 저절로 움직이는 힘이 있습니다.

강요하지 않아도, 강력한 컨셉이 있다면 기획의 성공 가능성은 크게 높아집니다.

이렇듯 기획자들이 컨셉 설정에 가장 큰 중점을 두는 이유도 바로 여기에 있습니다. **컨셉은 기획의 시작이자 성공의 열쇠**입니다.

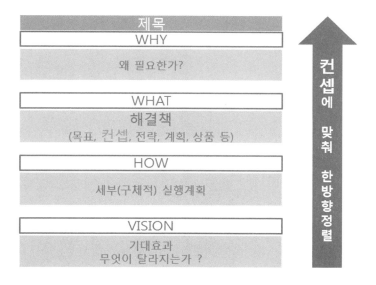

일상 속 컨셉의 예시

우리는 일상에서 수많은 기획자의 컨셉을 접합니다. 특히 광고 문구는 사람들의 감성을 저격하는 대표적인 사례입니다.

대구우리들병원

SAMSUNG BESPOKE

가구를 맞추듯 가전을 맞춘다!

늘 하얀색 혹은 메탈, 다 똑같은 냉장고는 이제 그만.
당신의 취향에 맞게 도어의 컬러와 소재를 마음대로 선택해 보세요.

"먹지마세요. 피부에 양보하세요."

"골라먹는 재미가 있다."

'상사병만 빼고 다 고친다' ·············· 치유능력 : '병을 치료하는 온천'

"쿠사츠 지역에서 피부과 병원을 볼 수 있는지 내기해봅시다."

① 대구우리들병원
　　허리가 탈이 났을 때 떠오르는 병원, 더 이상의 설명이 필요 없습니다.

② 삼성 비스포크
　　백색가전의 패러다임 자체를 완전히 바꿔 놓는 계기가 됩니다.

③ 스킨푸드
　　"먹든지 바르든지." 어떤 제품인지 단번에 궁금증을 유발합니다.

④ Baskin Robbins
　　"매일 다른 맛, 31가지." 매일 가 보고 싶게 만드는 컨셉입니다.

⑤ 쿠사츠 온천
　　저 광고를 보고도 그냥 지나칠 사람이 얼마나 될까요?

좋은 컨셉의 조건

① **차별성:** 기존 것을 모방하지 않은 완전히 새로운 것.
② **고객 지향성:** 컨셉을 접한 순간 고객에게 즉각적인 반응을 불러일으킬 것.
③ **새로움:** 고객의 호기심과 관심을 자극할 것.

컨셉 도출의 적절한 시점

컨셉은 기획의 어느 단계에서 도출되어야 할까요?

컨셉을 먼저 정하고 아이디어를 내는 것이 좋을까요?
아니면 아이디어를 충분히 낸 후, 그에 맞는 컨셉을 설정하는 것이 좋을까요?

답은 후자입니다.
컨셉은 기획의 방향을 내포하고 있으므로 충분한 브레인스토밍과 아이디어 평가 과정을 거친 후 도출해야 합니다. 컨셉을 먼저 정하면 방향이 고정되어 창의적인 아이디어가 제한될 수 있기 때문입니다.

컨셉 도출 과정

① 과제 한 방향 정렬 ② 브레인스토밍 ③ 아이디어 평가(선택)
④ 컨셉 도출 ⑤ 2차 브레인스토밍 ⑥ PMI ⑦ 기획서 작성

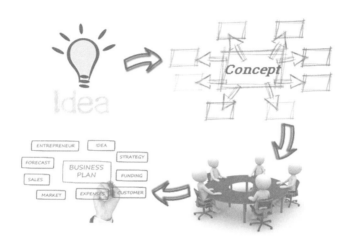

컨셉과 표현의 중요성

컨셉이 명확하면 기획의 방향이 확립됩니다. 컨셉을 중심으로 정렬된 아이디어는 자연스레 설득력을 갖게 되며, 이는 단순한 기획을 넘어 **표현의 마술**로 이어집니다.

유튜브에서 '나는 장님입니다'라는 영상을 검색해 보세요.

같은 메시지라도 색다르게 표현했을 때 감성적 반응이 얼마나 달라질 수 있는지를 보여 주는 사례입니다.

이처럼 훌륭한 컨셉은 사람의 감성을 직접 저격합니다.

결론: 기획의 핵심은 컨셉

분석과 판단은 좌뇌가 하지만, 결정은 우뇌가 합니다. 따라서 기획의 핵심인 컨셉은 **우뇌를 자극할 수 있는 방식으로 표현**되어야 합니다.

컨셉은 단순한 아이디어가 아니라, 기획의 방향을 제시하고, 고객의 마음을 움직이는 강력한 도구입니다.

기획자 = 컨셉을 고민하는 사람

4. 한눈에 쏙 들어오는 문서

'끌어내기-분류하기-정리하기'라는 **3단계 원리**를 이해했다면, 이제는 생각을 한눈에 들어오는 문서로 구성하는 방법을 알아볼 차례입니다.

아무리 내용 정리를 잘했더라도, **문서의 가독성이 떨어지면** 효과는 반감되기 마련입니다. 그렇다면 **가독성을 높이는 비결**은 무엇일까요?

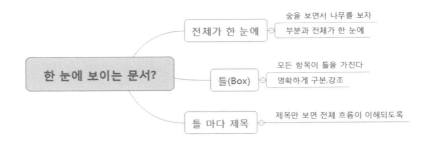

읽는 문서에서 보는 문서로

'**읽고 이해되는 문서**'가 아니라 '**보고 이해되는 문서**'를 작성하는 것이 중요합니다.

문서 전체가 마치 **한 점의 그림처럼 구조화**되어야 한다는 뜻입니다.

```
  ○ ○ ○ ○ ○                           00년 00월 00일
                                         000 부 000

              ___000___회 의___

    1. 목적
    ┌─────────────────────────────────┐
    │                                 │
    └─────────────────────────────────┘

    2. 현재 상태
    ┌─────────────────────────────────┐
    │                                 │
    └─────────────────────────────────┘

    3. 과제
    ┌─────────────────────────────────┐
    │                                 │
    └─────────────────────────────────┘

    4. 해결책
    ┌─────────────────────────────────┐
    │                                 │
    │                                 │
    │                                 │
    └─────────────────────────────────┘

    5. 추진일정
    ┌─────────────────────────────────┐
    │                                 │
    └─────────────────────────────────┘
```

가독성을 높이는 세 가지 방법

① **주요 키워드를 각 항목으로 배치**

- 생각정리 과정에서 도출된 주요 키워드를 각 문서 항목으로 배치합니다.

② **각 항목을 틀로 구분**

- 명확한 시각적 구분을 통해 각 항목을 독립적으로 강조합니다.
- 틀은 문서의 흐름을 쉽게 파악하고, 독자가 내용을 빠르게 이해하도록 돕습니다.

③ **핵심 내용만 담기**

- 각 틀에는 **핵심적인 내용**만 담습니다.
- 불필요한 정보를 제거하고, 핵심 정보만 남겨야 문서의 명료성과 전달력이 높아집니다.

버리는 것도 능력이다.

"하수는 더하려고 고심하고, 고수는 덜어 내려고 고심한다."

간결하고 강력한 문서를 만드는 비결은 **불필요한 내용을 과감히 버리는 데서** 시작합니다. 핵심에서 벗어나는 내용은 모두 제거하여, 독자가 중요한 내용을 바로 이해할 수 있도록 하세요.

효율적인 문서의 핵심은 단순함과 명확성입니다.

 ## 5. 3의 법칙

세 변의 길이가 정해지면 형태가 고정되기에, 삼각형은 가장 안정적인 도형으로 알려져 있습니다. 인간의 뇌 역시 '셋'이라는 숫자를 선호하며 안정감을 느낍니다. 심리학적으로도 '셋'은 인간이 가장 쉽게 인지하고 기억할 수 있는 수치로 알려져 있습니다.

'3'과 관련된 사례는 우리의 일상 속에서도 쉽게 찾아볼 수 있습니다.

- **식사**: 아침, 점심, 저녁
- **분류**: 상, 중, 하 또는 대, 중, 소
- **시상**: 금, 은, 동
- **게임**: 가위, 바위, 보

- **색상**: 기본 색깔인 RGB
- **야구**: 3루까지의 베이스, 삼진 아웃
- **고스톱**: 쓰리 Go, 피박

심지어 이 책에서 소개하는 '생각정리 알고리즘'도 3단계로 구성되어 있습니다.

인간의 뇌는 3개 이상의 정보부터는 피로를 느끼며 싫증을 냅니다. 3이라는 숫자는 적절한 정보량을 제공하면서도, 주제를 명확히 전달할 수 있도록 돕는 임계점이라 볼 수 있습니다.

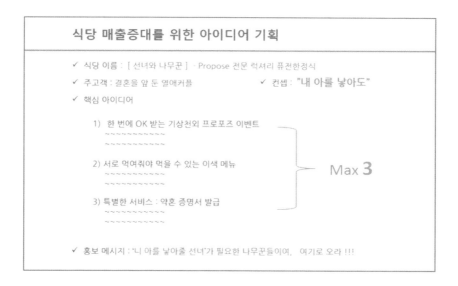

생각정리와 3의 법칙

생각정리(기획)에서도 **3의 법칙**은 원칙으로 작용합니다.

좋은 아이디어가 많더라도 최대 **3개까지만 선택**하는 것이 효과적입니다.

- 사람의 뇌는 3개 이상의 정보부터는 피로를 느끼고 집중력을 잃기 시작합니다.
- 중요한 기획일수록 더 많이 채우려는 욕심을 버리고, 무엇을 버릴 것인지를 고민해야 합니다.

이 법칙은 단순히 '3'이 주는 안정감을 넘어, **효과적이고 설득력 있는 기획의 기본을 다지는 핵심 원칙**입니다.

5장

생각정리 알고리즘 활용

배움은 실천할 때 비로소 진정한 가치를 발휘합니다. 이 책에서 소개한 생각정리(기획)의 원리와 방법은 단순히 지식으로 배우는 데서 그치는 것이 아니라, 다양한 상황에 적용되고 반복적인 실천을 통해 자연스럽게 익숙해져야 합니다.

'생각정리 알고리즘'은 단순한 사고 정리법이 아닙니다. 이는 '기획'이자 '문제해결'의 과정이며, 우리의 삶과 업무에서 더 높은 효율성과 창의적인 결과를 만들어 내는 실질적인 도구입니다.

이번 장에서는 지금까지 배운 내용을 실생활에서 어떻게 적용하고 활용할 수 있는지, 다양한 사례를 통해 함께 알아보겠습니다. **생각정리 알고리즘을 통해 더 나은 결과를 만들어 가는 실천의 여정을 시작해 봅시다.**

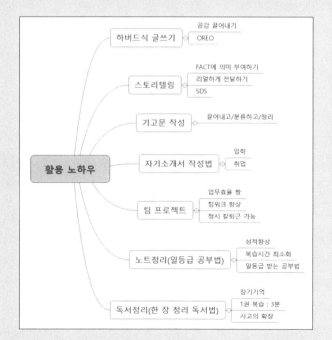

1. 하버드식 글쓰기

만일 지금 누군가가 당신에게 주제를 하나 주면서 글을 써 보라고 한다면, 주저하지 않고 작성할 수 있을까요?

제목: 노력에 비해 성과가 불만인가요?

평소 글쓰기를 꾸준히 연습한 사람이 아니라면 쉽지 않은 과제일 것입니다. 하지만 글쓰기의 기본 원칙을 배우고 나면 상황이 완전히 달라질 수 있습니다. 제가 위 주제로 글을 한번 써 보겠습니다.

> 노력에도 불구하고 성과가 불만인가요?
> 그렇다면 더 이상 고민하지 마시고 ㈜굿아이디어 대표이사 최필장군을 찾아주세요.
>
> 왜냐하면,
> 지난 14년간 두뇌 역량 계발에 올-인하며, 생각정리 분야에서 대한민국 최고의 전문가로 자리 잡은 인물이기 때문입니다.
>
> 한 예로,
> ㈜굿아이디어의 대표 프로그램인 '생각정리 알고리즘'은 단 하루, 6시간의 캠프로도 공부와 업무에서 눈에 띄는 성과를 만들어 냅니다. 믿기 어려우시겠지만, 이 프로그램은 현존하는 그 어떤 기법보다도 강력하며, 수많은 이의 삶을 바꿔 왔습니다.
>
> 학교에서 또는 직장에서
> 유능한 사람으로 인정받으며 성공적인 삶을 살고 싶다면 망설이지 말고 당장 최필장군을 초대하세요!

어떠한가요?

글의 완성도가 꽤 그럴듯하지 않나요? 여러분의 글쓰기 경험과 실력에 따라 다르게 느껴질 수도 있겠지만, 비교적 설득력 있는 글로 보일 것입니다.

사실, 저는 이 글을 특정한 규칙(OREO 기법)에 따라 작성했습니다. 이는 세계 최고의 대학 하버드에서 가르치는 글쓰기 방식으로, 간단하지만 효과적이니, 여러분도 한번 배워 보시길 권합니다.

저는 이 글쓰기 방법을 책으로 배웠으며 매우 유용하게 활용하고 있습니다. 간단하지만 매우 강력한 스킬이니 독자 여러분도 익혀서 활용하시길 바랍니다.

『150년 하버드 글쓰기 비법』, 송숙희 저

OREO Mechanism

Opinion : 만일 ~ 한다면 ~ 하라.	핵심의견 제시
Reason : 왜냐하면 ~ 하기 때문이다.	이성자극
Example : 예를 들어 설명하면 ~	감성자극
Opinion/**O**ffer : ~ 하려면 ~ 하라.	핵심을 다시 강조하고 원하는 반응을 분명하게

- **O**pinion: 독자의 관심을 끌고 주제를 제시합니다.
- **R**eason: 왜 그런 의견을 갖는지 이유를 설명합니다.
- **E**xample: 구체적인 사례나 증거를 제시합니다.
- **O**pinion: 다시 의견을 강조하며 독자의 행동을 유도합니다.

원리가 아주 간단하죠?

이 기법은 핵심 메시지를 빠르고 명확하게 전달하며, 상대의 공감과 행동을 끌어낼 때 특히 유용합니다. OREO라는 네 가지 순서만 기억한다면, 자신의 의견을 설득력 있게 어필할 수 있습니다.

여러분도 이 간단하지만, 강력한 글쓰기 비법을 익혀, 원하는 메시지를 효과적으로 전달해 보세요.

다음은 OREO 기법을 이용해 작성한 또 다른 예시입니다. 이 방법의 효과를 다시 한번 확인해 보시기 바랍니다.

생각이 곧 **실력**이다!

무엇을 하건 **생각**이 중요하다.
그것이 공부이건 놀이이건….

왜냐하면, 그리해야만 발전이 있기 때문이다.

생각하지 않고 하는 공부는 10년을 하더라도 남는 게 없다.
놀이조차도 **생각**하지 않고 하면 발전이 없는 법이다.

혹여나.
공부에서! 일에서!!
노력에 비해 성과가 불만이라면
지금 당장 **생각의 힘**부터 길러라.

2. 스토리텔링

여행을 다녀온 후 즐거웠던 시간을 누군가에게 설명한다고 상상해 보세요. 단순히 방문한 장소를 나열하는 것만으로는 그 감흥을 제대로 전달하기 어렵습니다.

입사지원서도 마찬가지입니다. 살아온 이력을 단순히 나열하는 것만으로는 인사 담당자에게 강렬한 인상을 남기기 어렵습니다.

이럴 때 필요한 것이 바로 **스토리텔링**입니다.

스토리텔링은 FACT(사실)에 의미를 부여하여 생생하게 전달하는 기법입니다. 이를 통해 상대방의 머릿속에 한 편의 영화처럼 장면을 그려 낼 수 있습니다. 효과적인 스토리텔링을 위해서는 **SDS 구조**(서론-본론-결론)를 활용하는 것이 좋습니다.

SDS: 서론-본론-결론의 3단 구성

Summary(요약) → **Detail** (구체적 설명) → **Summary**(느낀 점/변화와 배움)

· 경험을 통해 무엇을 배웠으며/ 향 후 포부도 함께 기술(요약)

구체적인 나만의 스토리(에피소드)
→ 상황/문제(S) 해결책/역할(T) → 행동(A) → 결과(R)
　　Situation　　　　Task　　　　Action　　　Result

전달(주장)하고자 하는 내용을 한 문장으로 핵심을 요약

SDS 구조의 핵심은 이야기의 흐름을 명확히 하여 독자가 머릿속에서 상황을 구체적으로 상상할 수 있도록 돕는 것입니다. 이를 다양한 글쓰기와 보고서 작성에 응용할 수 있습니다.

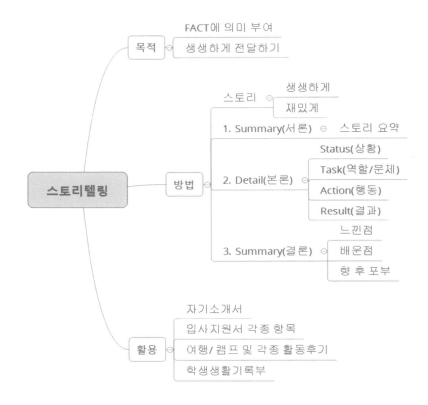

S-D-S 활용

- **각종 활동 보고서**

  캠프, 봉사, 진로, 동아리, 자율 활동 후기/업무 활동 보고

- **자기소개서**(입사 지원)

  성장 과정, 성공 경험, 지원 동기, 장단점 작성 등

- **각종 느낌 정리**

  중요한 경험에서 느낀 점이나 교훈을 정리

예시: '생각정리 알고리즘' 창의 캠프 후기

어떤 글쓰기 기법을 쓰더라도 생각을 정리하는 원리는 동일합니다. "끌어내고(시각화)-분류하고(구조화)-정리한다."

① 생각 끌어내기(시각화)

캠프에서 경험한 주요 장면과 느낌을 자유롭게 떠올리고 시각화합니다.

② 생각 분류하기(구조화)

떠올린 경험을 주제별로 분류하고, 이야기의 흐름을 체계적으로 정리합니다. S-D(STAR)-S **구조를 활용합니다.**

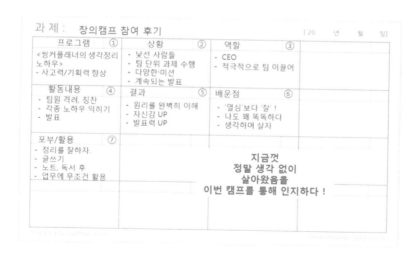

③ 정리하기

Summary(요약):

11월 7일, 거제도에서의 '생각정리 알고리즘' 캠프는 과거의 삶을 냉철하게 돌아보는 계기가 되었다. 동시에 미래를 대비하기 위해 어떤 변화를 해야 할지 깊이 성찰해 볼 수 있는 소중한 시간이었다.

Detail(자세한 설명):

낯선 친구들과의 첫 만남은 어색했지만, 팀이 구성되면서 상황은 빠르게 변해 갔다. 얼떨결에 CEO 역할을 맡게 되었고, 다양한 미션 속에서 팀을 이끌며 최선을 다했다.

부끄러움을 많이 타는 성격이지만 맡은 역할 덕분에 도전할 수 있었고, 팀원들과 함께 협력하며 과제를 해결하는 과정에서 진심 어린 격려와 칭찬이 오갔다. 지금도 그날 팀이 만들어 낸 조화와 감동이 떠오른다.

무엇보다 이번 캠프에서 깨달은 가장 큰 교훈은 생각을 정리하는 방법과 원리가 있다는 사실이다. 평소 꼼꼼하지 못하다는 말을 자주 들어 왔는데, 그 이유를 정확히 알게 되었고, 방법의 중요성을 실감했다. 효과적인 방법을 통해 최상의 결과를 끌어내는 법을 배우며 자신감을 얻게 된 것이 캠프의 최대 수확이다.

Summary(결론):

과거의 나를 반성하며 새로운 시작을 다짐했다. 배운 내용을 삶 속에서 실천해 나가는 사람이 되겠다고 굳게 약속했다.

"실천! 실천! 실천!"

스토리텔링은 단순한 정보 나열을 넘어, 독자의 감성을 자극하고 메시지를 효과적으로 전달할 수 있는 강력한 도구입니다. S-D-S 구조를 적극적으로 활용하여 설득력 있는 글을 써 보세요.

여러분의 글이 단순한 FACT 나열에서 벗어나, 독자에게 생생한 스토리와 감동을 전달할 수 있을 것입니다.

3. 기고문 작성

　이 책을 읽는 독자 여러분께서는 앞으로 '정리'라는 단어를 들을 때마다 자동으로 "끌어내고-분류하고-정리한다."를 떠올리길 바랍니다. 이 정도로 습관화된다면, 이 책의 목적을 달성한 셈입니다.

　일상에서의 사소한 일부터 복잡한 기획까지, 생각이 필요한 모든 순간에 종이를 펼치고 생각을 적는 습관을 들이세요. 이 단순한 행동 하나가 여러분의 사고방식과 삶을 획기적으로 변화시킬 것입니다.

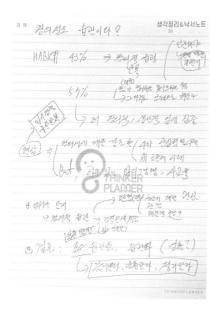

① 생각 끌어내기(시각화)

　먼저 생각나는 대로 낙서하듯 노트에 적어 보세요. 명확한 컨셉이 있다면 더욱 좋습니다.

　예를 들어, **이번 기고문의 컨셉은 "창의성도 습관이다."로**, 웬디 우드의 『HABIT』에서 소개된 **습관이 행동의 43%를 차지한다는 데이터**를 중심으로 구상했습니다.

　이처럼 주제와 연결된 주요 아이디어를 끌어내는 것이 첫 단계입니다.

② 생각 분류하기(구조화)

내용이 조금 복잡해지면 '순서화'가 더욱 중요해집니다. 여유를 가지고 논리적인 순서를 잡으세요.

Planning Matrix

과제:　신문사 기고문 작성　　　　　　　　　　　　　　　　　　2024년 8월 13일

컨셉	4	HABIT	7	현상	5		
창의성은 기존의 틀을 깨는 것이라고 생각하는 게 일반적. 그러나 "창의성은 좋은 습관을 통해 자연스럽게 발휘된다." 그 좋은 습관이 바로 '틀을 깨는' 습관이다.		- 웬디 우드 : 영국 태생 - 서던 캘리포니아대학교 심리학 교수 - 삶에서 습관이 차지하는 비중 43% - 57%를 더 생산적이고 창의적인 일에 집중하라.		- 30년 도 전부터 창의성을 강조 - 여전히 학교는 창의성의 필요성만 강조할 뿐 창의성을 깨우는 방법론은 모른다. '창의'는 수식어로 씀;ㅁ - 결국엔 입시경쟁 무한 반복 - 사교육 여전			
창의적인 사람의 특징	1	시대적 상황(환경)	6	광덕선생 이야기	2		
- 관심 - 관찰 - 고찰(해결책 구상) - 생각정리의 생활화(적자생존) - 이게 습관화 되어 있는 사람		- 4차산업혁명시대 - AI 공존의 시대 - 챗GPT/ 인공지능의 시대		- 지능 vs 창의성 - 천재의 창의성 - 서울대 종신이사 / 현재 - 전형적인 창의인재의 모습 - 지능과 창의성이 모두 높은 유형			
방법론	8	필자의 바램(결론)	9	궁극의 창의성이란?	3	필자소개	
삶의 43%는 실천 가능한 좋은 '습관을 습관화'하고, 57%는 더 생산적인 공부에 집중하자.		- SKY, 의대… 그들 위한 열공 좋다. - But, 43%는 아니더라도 '좋은 습관'을 배우고 익히는 기초공사 정도는 공교육에서 맡아 줬으면 하는 게 필자의 바램		- 원리를 꿰뚫는 식견 - 복잡한 것을 단순화 시키는 능력 - 단순화 → 사전거 처럼 누구나 이해/실천 가능/ 한 번 몸에 익히면 끝 - But, 우리의 현실은 어찌 한가?		- 독창적인 생각정리 3단계 원리를 적용한 생각정리노트로 특허를 받음 - "대한민국 브레인 파워-업"	

③ 정리하기

창의성은 '좋은 습관'에 의해 저절로 발휘된다

1. 관심
2. 관찰
3. 해결책 고찰
4. 생각정리

창의적인 사람들은 어떤 행동상의 특징을 가지고 있을까요? 10여 년간 창의성에 대해 연구하고 강의를 해 오며, 필자는 창의적인 사람들에게 공통적으

로 나타나는 행동 패턴이 있음을 발견했습니다. 바로 '관심 → 관찰 → 해결책 고찰 → 생각정리'라는 과정을 자연스럽게 습관화하고 있다는 점입니다.

필자의 지인 중에는 창의성과 통찰력을 겸비한 비범한 인물이 있습니다. 그는 복잡한 사회적·정치적 이슈의 본질을 꿰뚫고, 이를 해결책과 정책으로 연결하는 놀라운 능력을 보여 줍니다. 그의 비결이 궁금하여 일상을 관찰한 결과, 창의성 발휘의 4단계 프로세스(관심 → 관찰 → 고찰 → 정리)가 그의 삶에 자연스럽게 녹아 있음을 확인할 수 있었습니다. 이처럼 좋은 습관은 단순한 일상의 반복을 넘어 창의성을 촉진하는 강력한 도구가 될 수 있습니다.

창의성은 기존의 틀을 깨는 데에서 발휘된다고 흔히 알려져 있습니다. 하지만 '좋은 습관' 역시 창의성을 발휘하는 가장 효과적인 방법이 될 수 있습니다. 다시 말해, 창의성을 발휘하려면 ① 세상사에 관심을 가지고, ② 면밀히 관찰하며, ③ 해결책을 고민하고, ④ 자신의 생각을 정리하는 습관을 기르는 것이 무엇보다 중요합니다.

AI 시대와 창의성

4차 산업혁명 시대에 우리는 ChatGPT와 같은 AI 도구를 통해 더 효율적인 삶을 추구할 수 있습니다. AI는 빠른 피드백과 높은 품질의 결과물을 제공하며, 인간이 하던 많은 업무를 대체할 수 있습니다. 하지만 창의성마저 AI로 대체될 수 있을까요? 그렇지는 않습니다. 오히려 AI를 효과적으로 활용하려면 정교한 명령과 생각정리 역량이 필수적입니다. 이는 CEO가 유능한 비서에게 불명확한 지시를 내렸을 때, 기대만큼의 결과를 얻지 못하는 것과 같은 이치입니다.

결국, AI 시대에도 인간에게 반드시 요구되는 핵심 역량은 창의성과 생각정리 능력입니다. 그렇다면 우리의 습관 속에 창의성과 생각정리 역량을 체계적으로 내재화할 방법은 무엇일까요?

습관의 힘과 교육의 역할

웬디 우드 교수는 『HABIT』에서 인간 행동의 약 43%가 습관에 의해 이루어진다고 설명합니다.

습관은 무의식적으로 작동하기 때문에 별다른 노력 없이도 효율적인 결과를 만들어 낼 수 있는 강력한 도구입니다. 따라서 창의성을 발휘하는 '좋은 습관'을 43%에 하드코딩한다면, 나머지 57%의 시간과 에너지를 더 중요한 일에 집중할 수 있지 않을까요?

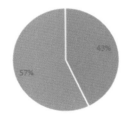

삶에서 습관이 차지하는 비중

43%

57%

■ 습관영역(비의식적 자아) ■ 비습관 영역(의식적 자아)

그러나 대한민국의 교육 현실은 어떨까요? 창의성의 중요성을 강조한 지는 오래되었지만, 이를 체계적으로 키우는 방법에 대한 구체적인 논의는 여전히 지지부진합니다. 단순히 창의성의 필요성을 외치는 것을 넘어, 창의성을 발휘할 수 있는 **'좋은 습관'을 체계적으로 내재화하는 교육체계의 변화**가 절실히 필요합니다.

RISE와 교육발전특구 사업의 역할

대한민국은 인구 소멸과 지방 소멸이라는 위기에 직면해 있습니다. 이를 극복하기 위해 많은 예산을 투입해 국가 주도의 **RISE**(Regional Innovation System&Education)**와 교육발전특구 사업**이 진행되고 있습니다. 다행히도 이 두 사업의 중심에는 교육이 자리하고 있습니다.

하지만 이러한 국책사업을 단순히 위기 극복의 수단으로 삼는 것을 넘어, 지방화 시대에 적합한 본질적 교육 혁신으로 설계해야 합니다. 지자체와 교육청은 이 사업의 주축으로서, 창의성이 자연스럽게 발휘되는 **K-EDU 모델**을 구현하는 실효성 있는 정책을 수립해야 합니다. 특히, **'좋은 습관'을 통해 창의성이 저절로 발휘될 수 있는 체계적이고 혁신적인 교육 모델**은 지방 소멸 위기를 근본적으로 해결할 열쇠가 될 것입니다.

K-EDU로의 도약

창의성은 누구나 '좋은 습관'을 통해 자연스럽게 발휘할 수 있습니다. **RISE**

와 **교육발전특구 사업**은 이러한 변화를 위한 중요한 발판입니다. 이를 계기로 대한민국이 단순히 위기를 극복하는 것을 넘어, 창의성과 효율성을 겸비한 새로운 **K-EDU 모델**을 선보이기를 기대합니다.

『The 생각정리 알고리즘』의 저자 최필규(최필장군)

 # 4. 자기소개서 작성

자기소개서(이하 '자소서'), 자신을 소개하는 글이니 보고서라고 생각할 수 있을까요?

"나 ○○○는 이런저런 사람입니다~"라는 형식만 보면 보고서처럼 느껴질 수도 있습니다. 그러나 자소서의 **목적**을 생각해 보면, 단순한 정보 전달이 아닌 **'설득'**이라는 점에서 보고서와는 전혀 다른 성격을 가집니다.

보고서 = 정보 전달 / 기획서 = 설득

자소서는 기획서다

자소서는 보고서가 아니라 기획서로 인식해야 합니다. 기획서의 목적은 '설득'이며, 자소서의 목표(인사 담당자 설득)와 정확히 일치하기 때문입니다.

기억하시나요? **Why, What, How, Vision**의 논리 구조!

설득력 있는 자소서를 작성하려면 이 구조를 활용해 인사 담당자가 논리적으로 납득할 수 있도록 해야 합니다.

하지만 시중 자소서 서적들은 핵심 원리에 대한 설명은 부족하고, 단순한 예시만 나열된 경우가 많습니다. 그래서 이 코너에서는 **'생각정리 알고리즘'** 을 자소서에 적용해, 인사 담당자의 관심을 끌어 **'반드시 뽑히는'** 자소서를 작성하는 방법을 알려 드리겠습니다.

'자소설'의 위험성

요즘 많은 취준생이 자기소개서를 스스로 작성하지 않고, 컨설턴트나 AI 프로그램의 도움을 받는 경우가 많습니다.

글쓰기에 익숙하지 않은 학생들 사이에서는 흔히 볼 수 있는 현상이죠. 하지만 이렇게 작성된 자기소개서는 지원자의 실제 경험과 동떨어진 내용으로 채워질 가능성이 높아, 흔히 **'자소설'**이라 불립니다.

결국 자기소개서를 평가하고, 면접을 진행하는 것은 **사람**입니다. 진정성이 결여된 '자소설'은 인사 담당자의 마음을 움직일 수 없습니다. 타인의 글재주로 포장된 자기소개서는 면접 과정에서 몇 마디 질문만으로도 그 허점과 진정성 부족이 쉽게 드러나게 됩니다.

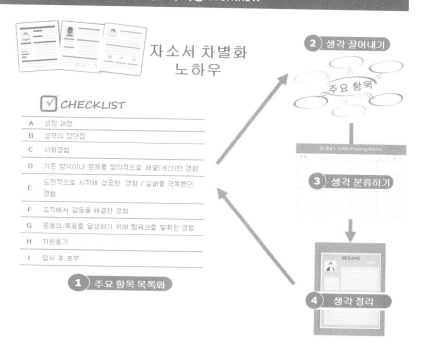

자소서 작성 Workflow

자소서 차별화
노하우

☑ CHECKLIST

A 성장 과정
B 성격의 장단점
C 사회경험
D 기존 방식이나 문제를 창의적으로 해결(개선)한 경험
E 도전적으로 시작해 성공한 경험 / 실패를 극복했던 경험
F 조직에서 갈등을 해결한 경험
G 공동의 목표를 달성하기 위해 팀워크를 발휘한 경험
H 지원동기
I 입사 후 포부

1 주요 항목 목록화

2 생각 끌어내기

주요 항목

② 활용 & 순서화 (Planning Matrix)

3 생각 분류하기

RESUME

4 생각 정리

진정성이 핵심이다

자소서에서 가장 중요한 요소는 '**진정성**'입니다.

진정성이 없다면 면접장에서 오히려 불리해질 뿐 아니라, 인사 담당자의 관심을 얻는 것조차 어렵습니다.

시간이 걸리고 힘든 작업일지라도, 스스로 작성한 자소서만이 자신을 진정성 있게 보여 줄 수 있습니다.

생각정리 알고리즘을 활용한 자소서 작성법

'생각정리 알고리즘'을 활용하면 자소서 작성이 훨씬 수월해집니다.

생각 끌어내기(시각화) → 분류하기(구조화) → 정리하기라는 3단계를 통해 자기 경험과 이야기를 체계적으로 정리할 수 있습니다. 그리고 그 스토리를 하나의 **'컨셉'**으로 표현하면, 세상에서 단 하나뿐인 '나만의 자소서'가 탄생합니다.

기억하세요. 중요한 것은 미사여구로 포장된 자소서가 아니라, **진정성을 담은 '나만의 자소서'**입니다.

자소서 주요 항목

A	성장 과정
B	성격의 장단점
C	사회경험
D	기존 방식이나 문제를 창의적으로 해결(개선)한 경험
E	도전적으로 시작해 성공한 경험 / 실패를 극복했던 경험
F	조직에서 갈등을 해결한 경험
G	공동의 목표를 달성하기 위해 팀워크를 발휘한 경험
H	지원동기
I	입사 후 포부

출처: 박장호 대표의 『취업의 신 자기소개서 혁명』

많은 회사가 자사 고유의 입사 서류 양식을 사용하지만, 그렇지 않은 경우 기본적인 항목들은 대개 비슷합니다.

이제 항목별 스토리를 어떻게 끌어내고 컨셉화하는지, **최필장군의 자소서 예시**를 통해 그 과정을 살펴보겠습니다(다음 예시는 최필장군의 젊은 시절을 바탕으로 작성한 가상의 사례입니다).

예시 1: 지원 동기

의미	진짜로 우리 회사에 들어오고 싶어 하는 지원자가 맞나?
공략법	많은 회사 중 왜 하필 우리 회사인지를 구체적으로 밝혀라.
주의사항	직무가 아니다. 회사 차원의 지원 동기를 어필하라.

① 생각 끌어내기(시각화)

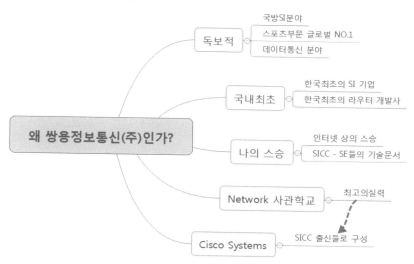

② 생각 분류하기(구조화)

과 제 : Why SICC ?				[20 년 월 일]
나의 스승 SICC ①				
- 쌍용SE 들에게 배움 - 기술문서 도움 탓	➔ 당대 최고의 실력자들			
네트워크 사관학교 ②				" 당대 최고의 고수들과 함께 " 거사를 도모코자
- 국내 1위 - 국가망 설계/구축/운영 회사				
국내 최초 ③				
- 최초의 SI - 최초의 라우터 개발				
독보적 실력 ④				
- 국방 - 스포츠SI				

③ 생각정리하기(3단계)

> **"당대 최고의 고수들과 함께 거사를 도모하고자!"**(한 줄 컨셉)

Network 분야 공부를 독학으로 시작해 기초 실력을 어느 정도 다진 후, 인터넷에서 현역 SE들이 올려놓은 기술문서를 통해 실무적인 내용을 익히기 시작했습니다. 그런데 흥미롭게도 제가 참고했던 양질의 기술문서 대부분이 **쌍용정보통신㈜** 소속 SE들이 작성한 것이었습니다.

시간이 흐르면서 쌍용정보통신㈜가 **'네트워크 사관학교'**라는 별칭을 가질 정도로 Network 분야에서 독보적 위치를 차지하고 있다는 사실을 알게 되었습니다. 더불어, Cisco Systems, SK, 대우를 포함한 관련 분야 최고 기업들의 핵심 인재 다수가 SICC 출신이라는 점도 인상 깊었습니다.

대한민국 최초의 SI 기업이자 최초의 Router 개발사!

국방 분야 국내 최고, 스포츠 분야 글로벌 리더라는 명성까지 가진 정보통신 분야 최고의 기업에 입사하는 것은 Networker를 꿈꾸는 저에게 **일생일대의**

목표입니다.

독학으로 2년 가까운 시간 동안 네트워크 분야 공부에 매진했던 열정을 바탕으로, 이제는 국내 최고의 정보통신 기업인 쌍용정보통신㈜에서 당대 최고의 고수들과 함께 호흡하며 회사의 성장에 기여하고 싶습니다. 또한, 머지않은 미래에는 저 역시 또 다른 후배 Networker 지망생들을 위해 양질의 자료를 올려 주는 **센스 있는 선배**가 되고 싶습니다.

④ 한 줄 컨셉화

"당대 최고의 고수들과 함께 거사를 도모하고자"

이것이 바로 **한 줄 컨셉**입니다(지원 동기에 관한 내용을 하나의 짧은 문장으로 압축해 '컨셉적'으로 표현한 것입니다).

직원 100명을 채용하는 인기 만점의 회사가 있다고 가정해 봅시다. 요즘 같은 시대에 지원자는 얼마나 몰릴까요? 만약 경쟁률이 20:1이라면, 인사 담당자가 검토해야 할 자소서만 **무려 2,000건**입니다. 독자 여러분이 인사 담당자라면, 이 많은 자소서를 하나하나 꼼꼼히 읽어 볼 수 있을까요? 현실적으로 불가능할 겁니다.

바로 이 점에서 **한 줄 컨셉**이 중요한 역할을 합니다(물론, 일부 회사는 AI를 활용해 이런 수고를 줄이기도 하지만, 최종 판단은 여전히 사람이 내립니다). 아무리 **훌륭하게** 작성된 문장이라도, 피곤한 인사 담당자가 끝까지 읽어 줄 가능성은 극히 낮습니다. 그러나 눈에 확 띄는 **임팩트 있는 한 문장**(컨셉)이 있다면, 관심을 끌 기회를 얻을 수 있습니다. 다시 말해, 한 줄 컨셉으로 인사 담당자의 감성을 자극하지 못하면, 본문이 읽힐 가능성은 거의 없습니다.

이러한 이유로 자소서에서 **'컨셉'**은 생명과도 같습니다.

하지만 단순히 한 줄의 문장을 위에 올려놓았다고 해서 컨셉이 되는 것은 아닙니다. **함축적이고 강렬한 한마디**를 만들어 내기 위해 고민하고, 또 다듬기를 반복해야 합니다. 그 과정을 통해 비로소 인사 담당자의 눈길을 사로잡을 **'눈에 띄는'** 자소서가 탄생하는 것입니다.

예시 2: 성격 장단점

의미	지원자의 성격이 해당 직무에 적합한가?
공략법	직무와 연관성 있는 장점을 기술하라. 단점은 보완책과 극복 과정을 반드시 함께 언급하라.
주의사항	단점은 자랑이 아니다. 너무 솔직하면 손해다.

① **생각 끌어내기**(시각화)

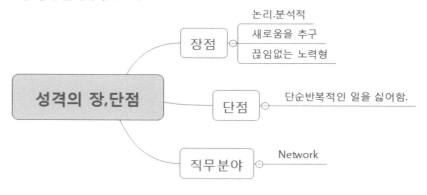

② 생각 분류하기(구조화)

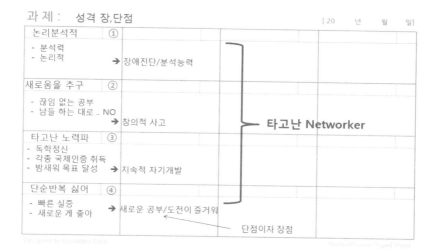

③ 생각정리하기(3단계)

Networker의 뇌 구조를 타고난 준비된 인재(한 줄 컨셉)

저는 정체된 것을 싫어하고, 매사에 '새로움'을 추구하는 성격입니다. 어릴 적부터 수학을 잘하는 편이었으며, 주변 친구들로부터 논리적이고 분석적이라는 평가를 자주 들었습니다.

또한 **'꼭 이루겠다고 마음먹은 일은 반드시 해내는'** 악바리 같은 집념도 제 성격의 특징입니다.

ICT 분야의 전문 SE가 되고자 결심한 후, 저는 1년 10개월 동안 독학으로 공부하며 실력을 쌓아 왔습니다. 대학을 나오지 않았기에 관련 전문 서적을 탐독하며 독학으로 지식을 쌓았고, 공부를 시작한 지 1년이 지난 시점(지금으로부터 약 10개월 전)부터는 CISCO SYSTEMS사의 전문 인증에 도전하였습니다.

그 결과, 대구/경북 지역 최초로 **CCNP 인증**을 획득하게 되었습니다. 새로움을 추구하며, 논리적이고 분석적인 사고를 바탕으로 끊임없이 노력하는 이러한 제 성향은 첨단 ICT 분야에 최적화된 자질이라고 자신합니다.

분명한 성격만큼 **눈에 띄는 단점**도 있습니다.

저는 변화 지향적인 성향 탓에 단순 반복적인 일에 쉽게 싫증을 느끼는 편입니다. 그러나 ICT 분야는 **끊임없이 신기술이 출현하고 지속적인 자기 계발이 요구되는 분야**입니다. 따라서 이러한 제 단점은 오히려 장점으로 작용할 수 있다고 생각합니다.

새로운 도전을 즐기고, 변화를 두려워하지 않는 저의 성향이 ICT 분야에서 더 큰 시너지를 발휘할 것이라고 확신합니다.

④ **한 줄 컨셉화**

"Networker의 뇌 구조를 타고난 준비된 인재"

모든 기획서는 **상대방의 입장을 고려하여 작성**되어야 합니다.

내 입장에서만 논리를 전개하면 **설득력과는 거리가 멀어질 수밖에 없습니다.** 특히, **한 줄 컨셉**은 상대방의 **감성을 저격할 수 있는 문장**이어야 합니다.

상대방의 시각에서 생각하며 글을 쓰는, **역지사지(易地思之)**의 자세가 필요합니다.

예시 3: 기존 방식/문제를 창의적으로 해결한 경험

의미	문제 해결력 및 창의성을 확인하기 위함.
공략법	상황, 역할/문제, 행동, 결과를 요약.

① 생각 끌어내기(시각화)

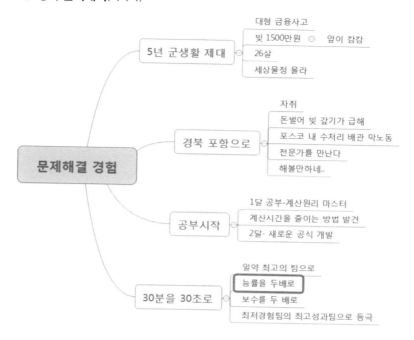

② 생각 분류하기(구조화)

과 제 : 문제해결 경험   [20   년   월   일]

제대 ①	포항으로 ②	돈벌이 ③	
- 1996년 2월 제대 - 대형 금융사고 - 빚 1500만원	- 빚 갚아야 해 !! - 돈 벌어야 해 !! - 수처리배관 막노동	- 용접 개소당 보수 지급 ➔ 능력급 ➔ 나만 잘 하면 된다!	
공부시작 ⑤	전문가를 만나다 ④	별거 아니네 ! ⑥	
- 1달 공부=원리 이해 - 2달 연구=공식 개발 - 3달째=현장적용 성공	- 국내 최고 베테랑들 - 별 거 아닌데 ?? - 나도 할 수 있다 !	- 세 줄 길이의 계산식 완성	
30분을 30초로 ⑦ - 공식개발 - 계산에 필요한 시간 자체를 없애버림 - Best of best 계산능력	**창의적 발상/분석력/노력 ➔ 공식 개발**		
	단순화 ➔ 업무효율 200% 증가 ➔ 보수 두 배로		

③ **생각정리하기**(3단계)

30분을 30초로 줄여 보수를 두 배로 받은 신입

5년의 군 복무를 마친 뒤 예상치 못한 대형 금융 사고로 1500만 원의 빚을 지게 되었습니다. 어린 나이에 홀로 감당하기엔 너무 큰 금액이었지만, 해결책을 찾기 위해 당시의 꿈을 접고 돈을 벌기 위해 포항으로 향했습니다.

지인의 소개로 POSCO 현장에서 수처리 배관 막노동을 시작했습니다. 관련 경력이 없던 저는 잔심부름부터 시작하며, 3인 1개 조로 배관 연결 작업을 맡았습니다. 배관 연결부 하나당 일정 금액이 지급되는 임금 구조에서, 용접 부위를 얼마나 빠르고 정확하게 연결하느냐가 팀의 성과를 좌우했습니다.

3개월쯤 되었을 무렵, 배관 작업에 필요한 삼각함수 계산법이 생각보다 복잡하지 않다는 느낌이 들어 퇴근 후 독학을 시작했습니다. 한 달간의 공부 끝에 원리를 파악했고, 두 달간 현장에서 실험을 거쳐 계산식을 완성했습니다. 공식의 길이만 A4 용지 세 줄을 채울 정도로 복잡했는데, 이 공식을 계산기에 저장해서 사용을 하니 매번 30분씩 소요되던 계산 시간을 변수 5개를 입력하는 시간(30초)으로 줄일 수 있었습니다.

결과적으로, 기존 30분이 걸리던 계산 시간을 **30초**로 단축한 것입니다. 전체 작업 속도가 빨라지면서 우리 팀은 경력이 가장 짧은 팀임에도 불구하고 베테랑 팀보다 두 배 이상의 성과를 올렸고, 이에 따라 보수도 두 배로 받을 수 있었습니다.

이러한 저의 창의적 역량을 쌍용정보통신㈜에서 발휘할 수 있는 기회를 얻고 싶습니다.

④ **한 줄 컨셉화**

"30분을 30초로 줄여서 보수를 두 배로 받은 신입"

세 가지 예시를 통해 자소서 작성 방법을 충분히 이해하셨을 거라 생각합니다. 컨설턴트의 도움에만 의존하기보다, 비록 투박하더라도 스스로 '생각정리'를 시도해 보세요. 진정성이 담긴 자신만의 자소서야말로 성공적인 취업으로 가는 가장 확실한 지름길입니다.

생각정리 알고리즘으로 놀라운 결과물을 만들어 보세요.
과제가 주어지면 고민하지 말고 3단계 프로세스를 가동하세요. 먼저 생각을 끌어내면 분류할 내용이 자연스럽게 드러나고, 이를 체계적으로 분류하면 정리가 저절로 이루어집니다.

 # 5. 팀 프로젝트(협업)

팀으로 일을 한다면 더욱 체계적인 접근이 필요합니다. 현대의 업무 환경에서는 복잡한 과제를 여러 명이 협력하여 해결하는 경우가 많습니다. 협업은 필수가 되었고, 성공적인 팀 프로젝트를 위해 **생각정리 알고리즘의 3단계 원리**를 적용하면 놀라운 효과를 얻을 수 있습니다. 다음은 이 원리를 팀 프로젝트에서 활용하는 방법입니다.

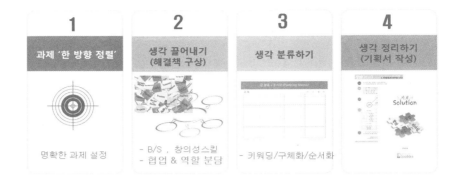

1	2	3	4
과제 '한 방향 정렬'	생각 끌어내기 (해결책 구상)	생각 분류하기	생각 정리하기 (기획서 작성)
명확한 과제 설정	- B/S , 창의성스킬 - 협업 & 역할 분담	- 키워딩/구체화/순서화	

① 과제 한 방향 정렬

팀 프로젝트에서는 명확한 과제 설정이 가장 중요합니다. 마치 궁수가 과녁을 정확히 겨냥하듯, 팀원 모두가 같은 방향을 바라보고 움직여야 합니다.

핵심:

- 명확한 과제 설정이 팀 프로젝트의 성패를 좌우합니다.
- 리더는 과제를 구체적으로 정의하고, 이를 팀원들과 공유하며, 모든 팀원이 정확히 이해하고 있는지를 확인해야 합니다.

이유:

과제가 불분명하거나 표현이 모호하면 팀원들이 서로 다르게 해석하여 프로젝트가 엉뚱한 방향으로 흘러갈 수 있습니다. 회의가 끝난 뒤 "아, 제가 잘못 이해했네요."라는 반응이 나오는 상황을 방지하려면, 프로젝트 시작 단계에서 과제를 명확히 설정하고 의미를 공유해야 합니다.

② 끌어내기(시각화)

팀 프로젝트에서 생각 끌어내기는 브레인스토밍으로 구현됩니다.

- 명확한 과제가 설정되었다면, 브레인스토밍을 통해 아이디어를 자유롭게 도출합니다.
- 팀 프로젝트에서도 마인드맵을 활용하면 효과적입니다.

③ 분류하기(구조화)

브레인스토밍에서 나온 아이디어를 체계적으로 분류합니다.

순서:

- 키워딩: 마인드맵에서 핵심 키워드를 가져옵니다.
- 역할 분담: 리더 주도하에 마인드맵의 키워드별로 역할을 분담하여 팀원들이 구체적인 작업을 수행할 수 있도록 합니다.
- 구체화: 팀원들은 각자의 역할에 따라 키워드에 대한 조사와 분석을 진행하고, 세부적인 내용을 채워 넣습니다(예시에서 다시 다루겠음).
- 순서화: 키워드를 보면서 논리적인 순서를 부여합니다.

키워드 생성:

기존 마인드맵에 있는 키워드를 가져오는 게 일반적이지만, 필요하다면(아이디어를 분리하거나 통합이 필요할 때) 새로운 키워드를 자유롭게 만들 수도 있습니다.

③ 정리하기

최종적으로 아이디어를 기획서로 작성하는 단계입니다. 명확히 정리된 문서는 팀 프로젝트의 실행 계획을 구체화하고, 모든 팀원이 이를 기반으로 협력할 수 있게 합니다.

팀 프로젝트는 개별적인 업무와 달리 다양한 관점과 협력을 요구합니다. 이 과정에서 생각정리 알고리즘 3단계 원리를 체계적으로 적용하면, 팀의 역량을 최대한 발휘할 수 있습니다. 명확한 과제 설정, 과제 한 방향 정렬된 브레인스토밍, 아이디어 통합과 분류, 그리고 명확한 문서화가 성공적인 팀 프로젝트를 이끄는 핵심입니다.

앞으로의 팀 프로젝트 때 이 원리를 활용해 보세요. 팀의 효율성과 성과가 한 단계 올라갈 것입니다.

예시 1: 팀 과제 – 기획 팀 2박 3일 제주 투어

(이해를 돕기 위해서 아주 가벼운 주제로 선정했습니다.)

① **생각 끌어내기**(시각화)

먼저 중앙에 과제를 적고 브레인스토밍을 시작합니다. 이 마인드맵 정도면 제주도 여행에 필요한 주요 토픽이 거의 도출된 것으로 보이나요?

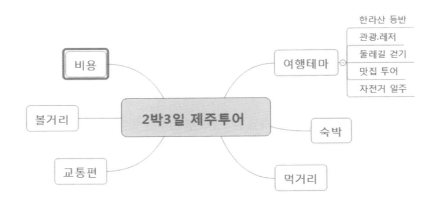

가장 먼저 해야 할 일은 여행의 테마(컨셉)를 결정하는 거겠지요? 여행의 테마는 팀원들의 의견을 충분히 들어 결정해야 합니다. 이왕이면 모두가 만족하는 방향으로 정해야 불만이 없을 것이며, 테마가 확정되어야 전체 동선도 수월하게 계획할 수 있기 때문입니다.

몇 가지 주요 토픽이 그려졌다면, 이제 토픽별로 책임자를 선임하여 세부 내용을 조사하도록 임무를 나눠 줍니다.

김 과장: 숙박 시설 **황 과장**: 먹거리 **최 대리**: 주요 교통편
신입 김○○: 볼거리 **박 대리**: 비용 통계

책임자들이 각자의 주제를 가지고 한두 시간 동안 조사를 진행한 뒤, 다시

모여서 하위 토픽을 채우면 마인드맵이 채워지게 됩니다. 이 과정에서 팀원들은 각자의 조사/분석 내용을 시각적으로 정리하고, 전체 맵을 구성하는 데 이바지하게 됩니다.

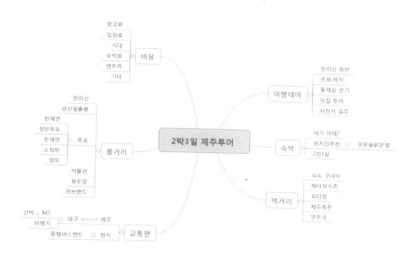

② **끌어내기**(시각화)

마인드맵을 참고하여 2단계인 **분류 작업**을 진행합니다. 마인드맵에 없는 **새로운 키워드**가 분류 단계에서 자연스럽게 추가될 수도 있습니다.

과 제: 2박3일 제주투어

여행 테마	숙박(거점)	교통	총비용
- 제주 횡단 - 맛집 투어&틈새 관광	현지인 추천 → 푸른솔맑은향	- 대구-제주 : 비행기 - 현지 : 중형버스 렌트	- 교통/숙박비 : 270만원 - 식대 : 152만원 - 입장료 : 37만원 - Total : 459만원
1일차		볼거리	
- 저녁 만찬 - 숙소에서 2차 간단히		- 산굼부리 - 일출봉 / 모다정 - 박물관 , 메이즈랜드 - 러브랜드	
2일차		즐길거리	
- 성산일출봉 + 인근맛집 - 저녁만찬 - 야간투어 - 객실에서 입가심		- 선상낚시	
3일차		먹거리	
- 선상낚시 + 술 한잔 - 대구로 복귀		- 숙소 구내식(사찰음식) - 해녀잠수촌 - 제주복돈	

③ 정리하기(기획서 작성)

기획팀 제주투어 기획안 (예)

1. 제목 : 2박3일 제주테마여행
2. 구성원: 팀장 포함 9명
3. Why 제주도? : 육지를 떠나 섬으로! 세계자연유산 제주 !
4. 세부 계획

구분	계목	내용 / 장소	기타	시간	예산(추정)
1일차	대구공항 도착		점심식사는 개인이 해결	12:30까지	
	제주공항 도착			14:30 전까지	
	숙소로 이동	푸른솔맑은향	2인1실		
	자유시간	자유시간	15:00 부터 최대 5시간	15:00 ~	
	저녁식사	해녀잠수촌	이동 20분(7.5km)	20:00 무렵	
	숙소로 이동	푸른솔맑은향			
	자유시간/취침		객실에서 자유롭게 한 잔		
2일차	기상/식사	구내 솔향식당	사찰약선음식	08:30 부터	
	제주투어 시작	산굼부리	이동 40분 / 관광 30분	10:20 까지	6000원/인
		메이즈랜드	이동 20분 / 관광 1시간	11:40 까지	9000원/인
	점심식사	모다정(갈치정식)		12:00 부터	
		성산일출봉 관광		15:00 까지	2000원/인
		제주민속자연사박물관	이동 1시간 / 관광 1시간	17:00 까지	2000원/인
	저녁식사	제주복돈	이동 20분 (8km)	17:30~19:00	
		러브랜드 견학	이동 5분 (2km)		12,000원/인
	숙소로 이동	푸른솔맑은향			
	자유시간/취침		객실에서 자유롭게 한 잔		
3일차	기상/식사	구내 솔향식당		08:30 부터	
	퇴실			11:00 까지	
	선상낚시	공항 인근	점심까지 해결		
	공항으로 이동		이동 15분 (6km)		
	대구공항 도착/귀가				

5. 총 비용 : 4,500,000원 / 500,000원/인
6. 이번 여행을 통해 …

※ 별첨: Visual Plan

➤ 1일차 :
- 제주 바다를 바라보며 해산물에 소주 한잔 가볍게

➤ 2일차 : 제주 투어 및 맛집 기행

➤ 3일차 : 오전에 여유롭게 선상낚시/점심식사 후 귀가

6. 노트 정리(공부법)

노트 정리만 잘해도 성적이 오를까요?

결론부터 이야기하면, 노트 정리를 잘해야 성적이 오릅니다.

예전에 방송된 「도전! 골든벨」의 한 장면은 1등급 학생이 어떻게 노트 정리를 하는지를 잘 보여 주었습니다. 현재는 유튜브에서 그 영상을 키워드 검색으로 찾을 수 없어 아쉽지만, 그 장면은 노트 정리가 학습 성과에 얼마나 중요한지 보여 주는 대표적인 사례였습니다(QR 링크는 '일부 공개'로 올려놓은 부분 영상임).

혹시 전교 1등 친구의 노트를 본 적 있나요? 없다면, 지금이라도 그들의 노트를 살펴보세요. 노트를 보는 순간, 자신과 어떤 차이가 있는지 바로 깨달을 수 있을 것입니다.

상위권 학생들의 공통된 특징은 **배운 내용을 꼼꼼히 정리**한다는 점입니다. 르네상스의 거장 레오나르도 다빈치는 1만 3천여 쪽에 달하는 원고를 남겼고, 소프트뱅크 손정의 회장은 매년 250개의 새로운 아이디어를 노트에 기록했다고 합니다.

옛날이나 지금이나 천재들은 모두 **노트와 메모의 달인**이었습니다.

다음 두 가지 중, 어떤 이론이 더 신뢰가 가나요?

1. 똑똑한 사람이 노트 정리를 잘한다.
2. 노트 정리를 잘하면 똑똑해진다.

저는 **2번**이 옳다고 생각합니다.
평범한 사람도 노트 정리만 잘하면 똑똑해질 수 있다면, 충분히 시도해 볼 가치가 있지 않을까요? 특히, 학원비 부담으로 허리가 휘는 부모님을 생각한다면, 노트 정리만으로 성적을 올릴 수 있다면 반드시 도전해 볼 만한 일입니다.

노트 정리는 단순한 필기 이상의 효과를 가집니다.

이해한 내용을 체계적으로 정리하면 학습의 깊이가 달라지고, 머릿속에서 내용이 명확해지기 시작합니다. 이는 곧 이해의 증거이자, 학습의 완성입니다.

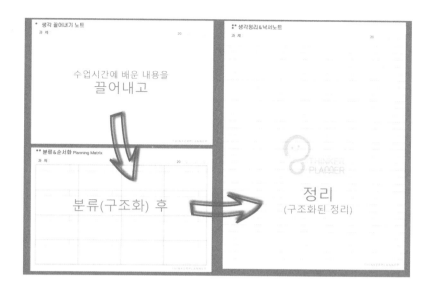

　'생각정리 알고리즘'의 3단계 원리(끌어내기 → 분류하기 → 정리하기)를 활용하면, 정리 과정에서 자연스럽게 이해가 깊어집니다. 노트 정리 과정은 곧 이해의 과정입니다.

　또한, 이 과정에서 구조화가 이루어지며, 이를 과목별 노트에 옮기면 비로소 **일 등급 노트 정리**가 완성됩니다.

　노트 정리는 단순히 선생님의 판서를 옮겨 적는 게 아닙니다. **잘 정리된 내 생각을 적는 것**이 진짜 노트 정리입니다. 다음의 3단계를 활용해 효율적이고 체계적인 노트를 완성해 보세요.

> ### 기본 전제
> ✓　책 깨끗하게 쓸 필요 없다.
> ✓　수업 중엔 노트정리 하지 마라. 대신 연습장을 펼쳐라.

1단계: 수업 중 – 이해가 우선이다!

- 컬러 펜을 활용해 중요한 부분에 밑줄을 긋습니다.
- 수업 중 떠오른 생각이나 연관된 아이디어를 낙서하듯 자유롭게 책의 여백이나 연습장에 펼쳐 놓으세요.
- **이해가 먼저, 정리는 나중입니다.**

2단계: 수업 후 – 3단계 생각정리

- 수업 중에 교과서 여백/연습장에 적어 놓은 것들을 연습장 위에 펼칩니다.(끌어내기)
- 주제별로 분류하거나 조합하며, 전체 내용을 구조화합니다.(분류하기)
- 정리한 내용을 **과목별 노트**에 옮겨 적습니다.

3단계: 복습 – 책이 아닌 노트로!

- **노트 정리의 최대 강점은 복습 효율성입니다.**
- 잘 정리된 노트는 복습 시간을 **1/10로 단축**해 줍니다.
- 우등생은 시험 기간에 날밤 새우지 않습니다. 평소에 정리된 노트로 복습하는 습관을 들이세요.

노트 정리는 단순히 필기가 아니라, **이해 → 정리 → 복습**으로 이어지는 **학습 효율을 높이는 핵심 도구**입니다. 이 과정을 꾸준히 실천하면 공부에 대한 자신감이 생기고, 더 나은 성과를 낼 수 있습니다.

예시: 노트 정리

최필장군이 학생이 아닌 관계로 교과서 내용을 정리한 예시를 보여 줄 수는 없으니, 대신 창의성 관련 서적을 읽고 주제별로 정리한 사례를 소개하겠습니다. 최필장군은 강사들과 정보 공유 및 스터디를 위해 주로 **파워포인트**를 활용해 내용을 정리합니다.(다음 이미지는 정리 PPT의 표지)

Originals
애덤 그랜트

Originals : 참신한, 독창성이나 장의력을 지닌 사람/ 다른 사람과 차별화 되는 사람

2019.08 최 필 규

독창성을 가로막는 **최대의 적 ?**

독창성을 가로막는 가장 큰 장애물은 아이디어 창출이 아니라 '선정'
참신한 아이디어가 부족해서 어려움을 겪는 기업,지역사회,나라는 없다.
아이디어를 낸 당사자는 자기 아이디어를 객관적으로 판단할 수 없다. →

★ 확증편향 : 자기 아이디어의 장점만 눈에 들어오고 단점은 무시/과소평가 또는 변명으로
무마하는 현상(판단 미스)

=   아이디어 선정(평가)

문제 : '평가'로 는 참신한 아이디어를 식별하려는 능력이 뛰어난 사람들이 부족

✓ 긍정 오류
히트를 확실시했던 작품

✓ 부정 오류
실패를 계산했지만 성공

> 베토벤
70개 작품 중
긍정오류 - 15개
부정오류 - 8개

지위와 독창성

'뭔가 다르다'는 일탈의 권리 확보

高

잘못하면 지위를 잃을까 두려움   ⇨ 안전빵 추구 ➜ 독창성⇩ (34%)

中

잘못해도 별로 잃을 게 없음

下

> * 중간지위 순응효과 : 중간 지위에 있는 사람들은 보수적일 수 밖에 없다.
> 따라서 새롭고/혁신적인 제안은 중간관리자 말고 고위층/말단직원에게 하는 게 효과적

오늘 할 일을 내일로 미뤄라.

1503년   1519년

숙성의 시간 (17년)

- 독창성이 뛰어난 인물 : 일을 미루는 경향은 강하지만 계획세우는 과정을 건너뛰지는 않는다.
  ➜ 숙성의 과정 속에서 점진적으로 발전시킴
- 단, 머릿속에 과제를 담아둔 체 (열정도 함께) 할 일을 미루는 경우
  ➜ 생산성은 떨어져도 창의성은 올라감(28%)

이렇게 주제별로 '한 장' 정리를 합니다. 이때 어떤 이미지를 활용해 어떻게 내용 정리를 할지는 '끌어내고-분류하고-정리'하는 과정에서 틀을 잡아야겠죠? 정리에 시간이 다소 걸릴 수는 있지만, 이 과정에서 애매한 부분이 해소되고 깊이 있는 통찰을 경험할 수 있습니다.

행동의 원인, 사람인가 상황인가?

프레임 / 최인철 저/ 2024. 06.20

사람 프레임 vs 상황 프레임

- 보통의 사람들은 '사람 프레임'으로 세상을 본다. 그러나 이 판단은 근거가 빈약하다.
- 상황을 고려하지 않은 판단은 정확하지 않은 눈으로 세상을 보게 된다.

- 사람의 행동은 그가 처한 상황에 의해 결정된다는 증거가 많다.
- 쉽고 익숙한 '사람 프레임'에서 불편하지만 진실일 가능성이 높은 '상황 프레임'으로의 전환이 필요하다.

상황이 결과를 낳는다.
① 군중 속 개인 : 인간은 누구나 가끔씩은 자신의 소신을 버리고 다수의 의견에 동조한다. ➜ 자아실종현상
② 그와 반대로, '내 편 한 사람' ➜ 한 사람의 동지만 있어도 인간은 강해진다.(소신 행동)
③ 사람은 권위 앞에 복종한다. 무려 67%의 사람이 ...

결론: 상황프레임으로 세상을 바라보라
삶에 있어서 객관적 사실은 인생을 통틀어 겨우 10%에 불과하고, 나머지 90%는 그 일들에 대한 우리의 반응이다. 또한 삶에서 상황은 일반적으로 주어지지만 그 상황에 대한 프레임은 철저히 자신의 몫이다.

인사이트

울퉁불퉁해도 우리는 지구를 둥글다고 말한다. 사람도 그런 식으로 봐야한다. 우리는 지금보다 더 자주 평균으로 세상을 보는 프레임을 가져야 한다. 그러기 위해서는 예외와 우연을 인정해야 한다.

이 내용은 보기엔 한 장이지만 사실 **수십 장의 책 내용을 압축한 결과**입니다.

이처럼 생각정리란 **구조화를 통한 단순화**의 과정입니다. 똑똑하다는 말은 복잡한 것을 단순화할 수 있음을 의미하죠. 단순해지면 모든 것이 쉬워지고, 응용도 자유로워집니다.

※ 구조화란?

구조화는 복잡한 내용을 단순화하고, 각 요소를 짜임새 있게 연결하는 과정입니다. 이를 통해 학습 내용을 명확히 이해할 수 있을 뿐만 아니라, 활용 가능성 또한 극대화됩니다.

공부에 관한 최필장군의 조언

아래 그림은 꿀벌이 꿀을 만드는 과정을 생성형 AI의 도움을 받아 그린 것입니다. 맘에 쏙 들지는 않지만 무난하죠?

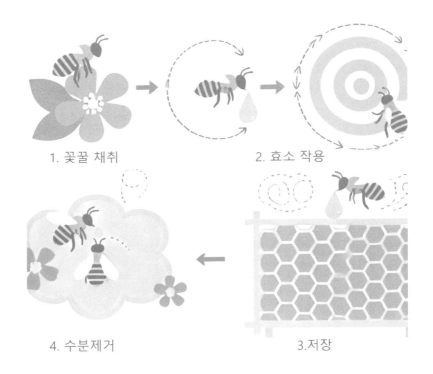

1. 꽃꿀 채취

2. 효소 작용

4. 수분제거

3.저장

꿀벌이 꿀을 만드는 과정은 학생들이 공부하고 생각을 정리하는 과정과 매우 유사합니다. 이를 바탕으로 생각정리 공부 방법을 꿀벌에 빗대어 설명해 보겠습니다.

① 꽃꿀 채취 → 지식 습득

- **꿀벌**: 꽃에서 꽃꿀을 채취해 꿀주머니에 저장합니다.
- **학생**: 수업 시간, 책, 인터넷 등에서 필요한 지식을 습득해 노트나 머릿속에 저장합니다.

② **효소와의 반응 → 정보 이해**

- **꿀벌**: 벌집으로 돌아온 후, 다른 일벌들과 꽃꿀을 주고받으며 효소와 반응시켜 꿀로 만듭니다.
- **학생**: 습득한 지식을 친구나 선생님과 토론하거나 깊이 사고하면서 '자신만의 생각'으로 소화합니다.

③ **벌집에 저장 → 체계적 정리**

- **꿀벌**: 꿀을 벌집의 육각형 방에 저장합니다.
- **학생**: 정리된 생각을 체계적으로 노트에 기록합니다.

④ **습기 제거 → 복습과 정리**

- **꿀벌**: 날갯짓을 통해 수분을 증발시켜 꿀을 농축합니다.
- **학생**: 정리한 내용을 복습하며 핵심만 남기고, 불필요한 부분은 제거하여 간결하게 다듬습니다.

여기서 중요한 점은, 꿀벌이 꽃꿀을 그대로 벌집에 저장하지 않는다는 사실입니다. 꿀벌은 꽃꿀에 효소를 더해 새로운 형태(꿀)로 변환합니다. 이처럼 공부에서도 책 속의 지식이나 선생님의 말씀을 단순히 암기하는 것에 그치지 말고, 이를 자신만의 생각으로 소화하고 재구성하는 과정이 꼭 필요합니다.

'지식보다 중요한 것은 생각'이라고 했습니다. 꿀벌처럼 자신만의 방식으로 학습 내용을 소화하고 재창조해 보세요. 이러한 과정이야말로 진정한 공부입니다.

7. 독서 정리(한 장 정리 독서법)

2023년 통계에 따르면 우리나라 국민 중 **57%가 1년 동안 책 한 권도 읽지 않았다**고 합니다. 그런데 더 큰 문제는, 책을 읽더라도 그 내용을 온전히 자기 것으로 소화하지 못한다는 점입니다. 이유는 간단합니다. 한 번 읽고 나면 끝이기 때문입니다.

출처:2023 국민독서실태조사/문화체육관광부

강의 중 청중들에게 "책을 읽은 후 내용을 정리하십니까?"라고 질문하면, 100명 중 한두 명 정도만 손을 듭니다. 게다가 사람들 대부분이 한 번 읽었던 책을 다시 읽지 않으니, 한두 달이 지나면 자신이 읽었던 책의 제목조차 기억나지 않는 경우가 대부분이라고 말합니다.

모든 책을 정리할 필요는 없습니다. 하지만 자신에게 꼭 필요하고 중요한 내용이 담긴 책이라면 정리하는 습관을 들이는 것을 추천합니다. 돈을 주고 산 책, 많은 시간을 투자해 읽은 책을 기억에서 사라지도록 방치하는 건 너무 아깝지 않나요?

여러분은 이제 생각정리의 원리와 방법을 배웠으니, 앞으로 읽게 될 책들은 정리하는 습관을 들여 보세요. 처음엔 어려워 보일 수 있지만, 몇 번만 해보면 별로 힘든 작업이 아님을 알게 됩니다.

서애 류성룡

어떤 사람은 다섯 수레의 책을 입으로는 줄줄 외우지만
그 뜻과 의미를 물으면 전혀 알지 못한다.
이는 다름 아니라 독서를 하면서 생각하지 않았기 때문이다.

책을 읽는다는 것은 반드시 생각이 중심이 되어야 한다.
생각하지 않으면 읽는 것을 전달하는 수준밖에 안 된다.
생각하지 않으면 많은 책을 읽어도 아무 이익이 없다.
많은 책을 입으로 줄줄 암기해도 생각하지 않는 독서는 아무 유익이 없다.

———

눈으로만 책을 읽어서는 온전히 자기 것이 되지 않는다.
책의 내용을 파악 후 반드시 노트에 적고 정리하여
자신의 주관을 세우는 일이 뒤따라야 한다.
읽기의 완성은 **쓰기**다.

출처:『오직 읽기만 하는 바보』, 김병완 저

서애 류성룡 선생의 글은 책 읽는 방법에 대해 중요한 통찰을 제공합니다. 그는 지식이 '생각'보다 중요하지 않다고 강조합니다. 아무리 다양한 지식을 머릿속에 담고 있어도, 그것을 온전히 활용하려면 지식 간 융합이 이루어져야 합니다. 그게 바로 '생각하는 힘'이죠.

'생각하는 힘'을 키우기 위해서는 책을 읽고, 자기 생각을 체계적으로 정리하고, 수시로 학습하는 습관을 들이는 것이 중요하지 않을까요?

읽기의 완성은 쓰기다

 독서노트 노하우

① **독서 시작 전: 전체를 훑어보기**
- 프롤로그와 목차를 훑어보며 책의 전체적인 윤곽을 파악.
- 컬러 펜과 형광펜을 준비하세요.

② **독서 중: 단원별 이해하기**
- 책을 깨끗하게 보려는 생각은 버리세요.
- 중요한 문장에는 밑줄 쫙~, 핵심 단어는 형광펜으로 페인팅.
- 읽는 도중 떠오르는 생각은 책 여백에 자유롭게 낙서하듯 메모해 둡니다.

③ **독서 후: 3단계 생각정리**(끌어내고-분류하고-정리)
- 책장을 넘기면서 독서의 흔적들을 넓은 종이에 끌어내세요. 저는 가끔 큰 달력을 찢어서 사용하기도 합니다.
- **분류/조합/연결** 등 자유로운 형식으로 **구조화**합니다.
- 전체가 연결 구조가 되도록 하여 **완전체**로 다듬어 갑니다.
- 정리 과정에서 새로운 아이디어가 떠오른다면 주저하지 말고 추가하세요.

④ **복습: 책을 삶으로 연결하는 단계**
- '한 장' 정리의 가장 큰 이점은 복습할 때 진가가 발휘됩니다. 3분이면 책 한 권을 복습할 수 있습니다.

- 수시로 복습하며, 내용을 되새기면서 생각을 확장하세요.
- 지식의 축적을 넘어, **의식의 폭**을 넓히세요.

이 과정은 단순히 읽기와 쓰기를 넘어, 독서의 가치를 삶 속에서 실현하도록 도와줍니다. **'읽기의 완성은 쓰기'**라는 말처럼, 정리하는 과정을 통해 진정한 배움을 완성해 보세요.

이제 최필장군의 '한 장 정리 독서노트'의 다양한 예시를 소개하겠습니다. 물론, 하루아침에 한 장 정리를 능숙하게 해내는 실력자가 되기는 어렵습니다. 하지만 쉬운 책부터 시작해 꾸준히 연습하다 보면, 머지않아 '한 장 정리'의 고수가 되어 있을 것입니다. 자, 지금부터 시작해 볼까요? 파이팅!

예시 1: 『말센스』, 셀레스트 헤들리

'끌어내고-분류하고-정리' 프로세스는 독서 한 장 정리에도 그대로 적용됩니다.

정독 후 연습장을 편 상태로 두 번째 읽기에 들어갑니다. 책 여백에 낙서하듯 써 놓은 내용을 연습장(가급적 넓은)에 끌어내다 보면 분류/조합이 이뤄짐을 느낄 수 있을 것입니다.

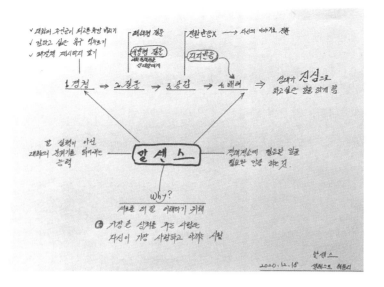

이 책의 저자가 본다면 어떤 생각을 가질까요? 자신의 책을 한 장으로 정리한 걸 본다면…, 허탈해하진 않을까요?

예시 2: 『HABIT』, 웬디 우드

① 끌어내기

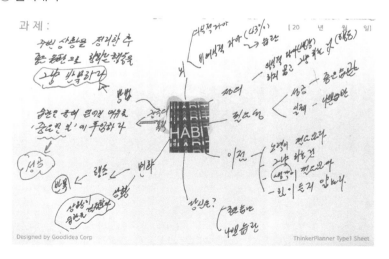

② 분류하기

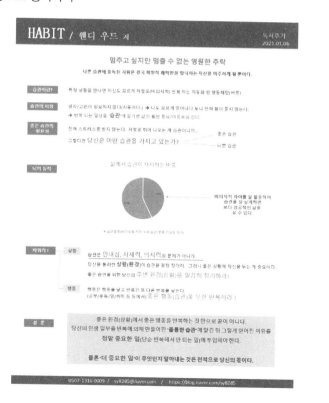

③ 한 장으로 정리하기

책 종류/내용마다 정리하는 스타일이 달라집니다. 어떤 룰이 있는 건 아니고, 마음 가는 대로 선택합니다. 파워포인트로 정리를 해 보니 복습하기도 좋고 공유도 쉬워서 최근에는 거의 PPT로 정리하죠.

예시 3: 『기획자의 생각』, 이정훈

출판 기획에 관한 책입니다.

저는 이 책을 읽고 나서 홀로 책을 쓰기 시작했습니다.

이 정도면 책 내용을 웬만큼 이해한 거라 볼 수 있겠죠?

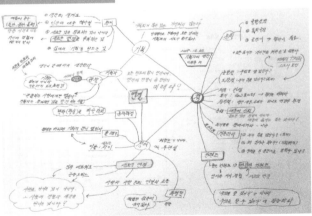

완벽히 이해한 내용을 정리한 '한 장'이니 이 노트만 있다면 즉흥적으로 프레젠테이션이 가능한 것은 너무 당연한 일이겠지요?

예시 4: 『1분 전달력』, 이토 요이치

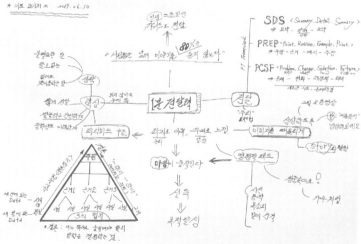

　2011년에 순수 창의성 강좌로 출발했는데, 이러한 정리 과정을 10년 넘게 거듭하면서 **'생각정리 알고리즘'** 강좌의 내용도 꾸준히 업그레이드되어 왔던 것입니다. 앞으로도 그럴 것이고요.

예시 5: 『기획의 고수는 관점이 다르다』, 박경수

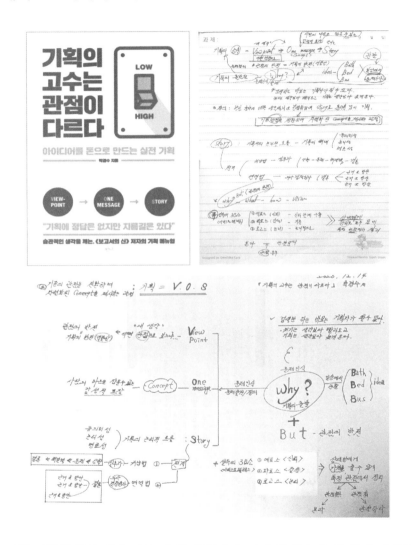

　　'구조화'의 좋은 예가 바로 이 한 장입니다. 그냥 펼쳐 놓은 한 장과 아래의 **'구조화된 한 장'**은 확연한 차이가 있죠? 이 정도 구조화가 가능하다면 이 책의 내용 전체를 완전히 이해한 것입니다.

예시 6: 『150년 하버드 글쓰기 비법』, 송숙희

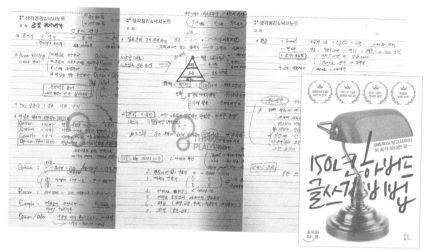

정리할 게 제법 많은 책입니다.

그러나 어떻게든 한 장으로 압축합니다(내용에 따라 한 장으로 정리가 불가능한 때도 있습니다).

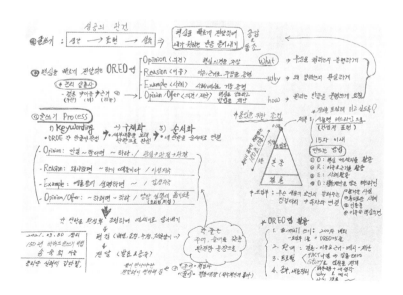

예시 7: 『기획의 정석』, 박신영

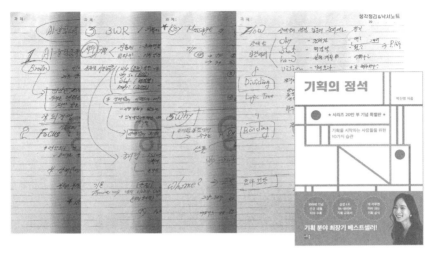

첫 출간부터 읽었던 박신영 작가의 책.

20만 부 기념이라고 해서 다시 읽고 정리해 봤는데 역시 남다른 기획력의 실력자임이 느껴집니다.

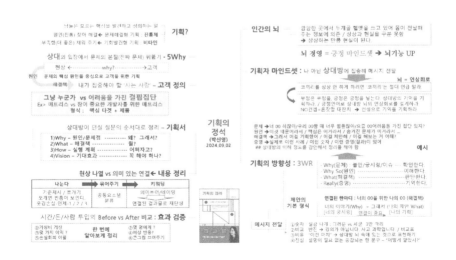

메모해 둔 내용을 끌어내 보니 네 장, 그걸 한 장으로 압축.

생각정리에서는 온전히 자신의 것으로 소화하여 자신만의 생각을 정리하는 게 중요함을 잊지 마세요.

이 책의 제목인 **'생각정리 알고리즘'**과 동일한 이름의 6~7시간 강좌를 전국의 수많은 고등학교와 대학교에서 진행하고 있습니다.

강의의 마지막 부분에서 저는 항상 이 **'한 장 정리 독서법'**을 소개하며 학생들에게 몇 가지 질문을 던집니다.

"책을 다시 읽을래? 정리된 이 한 장을 볼래?"

→ "한 장이요!"

"강의 들어 보니 노트 정리, 책 정리를 해야겠나, 안 해야겠나?"

→ "해야 해요!"

"그럼, 언제부터 해야겠노?"

→ "지금부터요~"

학생들의 대답은 언제나 강사의 마음을 흐뭇하게 합니다. 6시간 동안의 교육 효과일까요? 아니면 최필장군의 강의에 감동한 걸까요? 이유야 어찌되었든 강사가 바라는 대답을 듣는 이 순간, 삶의 가치와 보람을 느낍니다.

스티븐 코비는 전 세계적으로 수많은 사람에게 영향을 미친 베스트셀러 『**성공하는 사람들의 7가지 습관**』의 저자입니다. 그의 책은 많은 이에게 올 바른 삶의 원칙과 성공적인 습관을 가르쳤으며, 실천의 중요성을 설파해 왔 습니다.

하지만 말년에 스티븐 코비는 예상 밖의 상황에 직면하게 됩니다. 놀랍게 도 그가 '신용 불량자'가 된 것입니다.

코비는 자신의 책에서 습관과 원칙의 중요성을 강조했고, 그 책을 통해 엄 청난 성공 가도를 달렸음에도 불구하고, 말년에 신용 불량 상태에 이르게 된 것입니다. 좀처럼 이해하기 어려운 일이죠?

어느 날, 예상치 못한 어려움을 겪고 있던 코비에게 누군가 질문을 합니다. "성공학에 관한 베스트셀러를 쓰신 분이 어쩌다가 신용 불량자가 되었습니까?"

코비는 잠시 생각한 후, 담담하게 대답했습니다.

<blockquote>"내가 쓴 대로 살지 않았기 때문입니다."</blockquote>

우리는 모두 훌륭한 계획을 세울 수 있습니다. 하지만 진정한 변화는 계획이 아닌 '실천'에서 나옵니다. 아무리 좋은 원칙이나 계획이라 해도 그것을 행동으로 옮기지 않는다면, 그것은 그저 공허한 말장난에 불과합니다.

코비의 말년은 우리에게 이렇게 말하고 있습니다. 실천 없는 계획은 무용지물이며, 진정한 성공은 결국 실천을 통해 이룩된다는 것을.

'생각정리 알고리즘'은 단순한 도구가 아닌 삶의 변화를 이끄는 실질적인 첫걸음입니다.

최필장군이 독자 여러분께 한 가지 부탁을 드리겠습니다. 부디 이 책의 핵심 내용을 몸으로 익히고 꾸준히 **'실천'**하여 여러분 삶의 필살기로 장착하시길 바랍니다!

특허증
CERTIFICATE OF PATENT

특 허
Patent Number

제 10-1941243 호

출원번호
Application Number

제 10-2018-0041463 호

출원일
Filing Date

2018년 04월 10일

등록일
Registration Date

2019년 01월 16일

발명의 명칭 Title of the Invention
착탈식 아이디어 구현 향상 시스템

특허권자 Patentee
(주)굿아이디어(110111-*******)
대구광역시 동구 국채보상로171길 24, 101호(신천동)

발명자 Inventor
최필규(711101-*******)
대구광역시 동구 국채보상로171길 24, 1층 (신천동)

위의 발명은 「특허법」에 따라 특허등록원부에 등록되었음을 증명합니다.

This is to certify that, in accordance with the Patent Act, a patent for the invention
has been registered at the Korean Intellectual Property Office.

2019년 01월 16일

QR코드로 현재기준
등록사항을 확인하세요

특허청장
COMMISSIONER,
KOREAN INTELLECTUAL PROPERTY OFFICE

박 원 주

특허청
Korean Intellectual
Property Office

생각정리노트 씽커플래너(아이디어 구현 향상 시스템)
발명 특허 요약

내부 구조

노트 표지

1) 기술 분야

본 발명은 인간 두뇌의 특성을 활용하여 상상력, 아이디어 발현 능력 및 기획력 향상을 돕는 도구(아이디어 구현 향상 시스템)에 관한 것입니다.

2) 발명 동기

4차 산업혁명 시대에 접어들면서 창의력 향상에 관한 관심이 꾸준히 증가하고 있습니다. 이와 관련된 도구와 방법의 종류만도 300여 가지에 이른다고 합니다. 그러나 이러한 다양성은 오히려 혼란을 초래했습니다. 어떤 도구를 어떤 상황에서 활용해야 효과적인지 판단하기가 어려워졌기 때문입니다.

각 도구는 고유한 특성과 장단점을 가지고 있습니다. 예를 들면,

- **마인드맵**: 생각을 넓게 펼치는 데는 탁월하지만, 분류와 순서화에는 취약합니다.

- **역발상 기법**: 기발한 아이디어를 끌어내는 데는 뛰어나지만, 구체화에는 취약합니다.
- **강제 연결법**: 역발상 기법과 유사한 특성을 가집니다.
- **플래닝 매트릭스**: 본 발명의 출원인(최필규)이 창안한 기법으로 분류, 구체화, 순서화에는 강점이 있지만, 아이디어 발현(끌어내기)에는 약점이 있습니다.

이처럼 각 도구의 장단점으로 인해 과제나 상황에 맞는 적절한 도구를 선택해 사용하는 것이 필요합니다.

문득 이런 질문이 떠올랐습니다.

"각 도구의 장점을 극대화하면서 단점을 상호 보완할 수는 없을까?"

3) 해결하려는 과제

기존에는 각각의 도구를 독립적으로 사용했다면, 본 발명은 다수의 도구를 상호 보완적으로 병행하여 사용할 수 있는 시스템을 제공합니다. 이를 통해 누구나 쉽고 빠르게, 그리고 효과적으로 주어진 과제를 해결할 수 있는 혁신적인 생각정리(기획) 방법과 도구를 창안하는 것을 목표로 삼았습니다.

4) 해결 수단

기존 방식이 2차원적(① 생각 끌어내기 & ② 정리) 사고 정리라면, 본 발명은 다음과 같은 3차원적 프로세스를 제시합니다.
① 생각 끌어내기 → ② 생각 분류하기 → ③ 생각 정리하기

이 모든 과정을 '시각화'하여 두뇌의 능력을 최대한 발휘할 수 있도록 설계했습니다.

5) 발명의 효과

생각정리의 핵심은 **시각화**입니다.

본 발명은 3단계 프로세스를 시각화하여, 누구나 쉽고 빠르게 효과적으로 과제를 해결할 수 있도록 돕습니다. 여기서 '과제'란 다음과 같은 다양한 상황을 포함합니다.

- **학생**: 글쓰기, 말하기, 노트 정리, 독서 후 요점 정리, 팀 프로젝트 과제
- **직장인**: 신제품 개발, 신규 프로젝트 기획, 보고서 작성
- **기타**: 사고력이 필요한 모든 일상적 과제

본 발명품을 활용하면 동일한 노력으로도 이전보다 훨씬 높은 성과를 얻을 수 있습니다. 학생은 공부를 더 잘하고, 직장인은 일을 더 효율적으로 수행할 수 있습니다.

주의 사항

다만, 본 발명의 효과를 제대로 누리기 위해서는 한 가지 조건이 있습니다. 책장에 장식품으로 꽂아 두지 말고, 사용법을 배우고 실습과 활용을 통해 완전히 '내 것'으로 만들어야 합니다.

- 발명 특허권자 최필규 -

THE 생각정리 알고리즘

1판 1쇄 발행 2025년 3월 13일

저자 최필규

교정 주현강   **편집** 윤혜린   **마케팅·지원** 김혜지

펴낸곳 (주)하움출판사   **펴낸이** 문현광

이메일 haum1000@naver.com   **홈페이지** haum.kr
블로그 blog.naver.com/haum1000   **인스타그램** @haum1007

ISBN 979-11-7374-016-9(03910)

좋은 책을 만들겠습니다.
하움출판사는 독자 여러분의 의견에 항상 귀 기울이고 있습니다.
파본은 구입처에서 교환해 드립니다.